1. Auflage 2013

© Conbook Medien GmbH, Meerbusch, 2013
Alle Rechte vorbehalten.

www.conbook-verlag.de
www.fettnaepfchenfuehrer.de

Projektleitung und Lektorat: Stephan Ditschke & Julia Kaufhold
Einbandgestaltung und Satz: David Janik unter Verwendung
des Motivs © istockphoto.com/Nikada
Druck und Verarbeitung: Ebner & Spiegel GmbH, Ulm

Printed in Germany

ISBN 978-3-943176-11-7

Hinweis: Viele Orte der Handlung gibt es wirklich.
Die Handlung und alle handelnden Figuren sind jedoch frei erfunden.
Jegliche Ähnlichkeiten mit lebenden oder realen Personen sind rein zufällig.

FETTNÄPFCHENFÜHRER

NIEDERLANDE

Holland *niet* in Not

Katja Frehland

Was ist das für ein Land, in dem die Menschen Hagelkörner auf ihr Brot streuen, nachts Kaffee trinken, Pommes frites mit Erdnusssoße übergießen und hoch konzentriertes Salmiakpulver schlürfen?

Die Münchnerin Anne macht sich auf in das Land der Tulpen, Windmühlen und *klompen,* um dort Kunst zu studieren. Sie reist über Maastricht nach Amsterdam und verbringt fast ein ganzes Jahr im Herzen der bunten, liberalen Weltstadt. Als sie zuerst Freundschaft mit einer Niederländerin schließt und sich wenig später in einen jungen Amsterdamer verliebt, fühlt sie sich schon richtig angekommen. Doch dabei vergisst sie ein ums andere Mal, dass auch in dem uns so nahen Nachbarland überall Fettnäpfchen lauern.

Woher soll sie auch ahnen, dass sie ihre Professoren zwar duzen darf, aber lieber nicht auf Deutsch losplappern sollte, dass die Niederländer zwar selber gerne über ihr kleines *kikkerlandje* schmunzeln, auf Witze über das *oranje* Königshaus aber sehr empfindlich reagieren?

Nur gut, dass die Niederländer so tolerant sind – oder?

Katja Frehland studierte Geschichte und Germanistik in Heidelberg. Nach Abschluss ihres Studiums verbrachte sie mehrere Jahre in München. Hier verfasste sie ihre Dissertation, unterrichtete das Fach Deutsch und arbeitete als Historikerin. Seit 2010 ist sie freie Autorin von Sach- und Schulbüchern. Sie lebt mit ihrer Familie in Oldenburg.

Inhalt

Inhalt

Inhalt

1   Im Land von Frau Antje

Wo Holland wirklich liegt

Endlich! Die Türen schließen. Ein Pfiff ertönt. Der Zug fährt los.

Anne lehnt ihren Kopf zurück, zieht ihren dunkelgrünen Mantel eng um sich, kuschelt sich gemütlich in den Sitz und schließt die Augen. Viele Monate und Wochen voller Vorbereitungen und Planungen liegen hinter ihr. Nun geht es los. In etwa fünf Stunden erreicht der ICE Aachen, dann fährt sie in einem anderen Zug weiter in das Land ihrer Urgroßmütter und Urgroßväter. Fast ein ganzes Jahr wird sie dort in Amsterdam verbringen, arbeiten, studieren, leben. Ein Kindheitstraum!

Wie sieht ihr entfernter Cousin Jeroen, der sie morgen am Bahnhof Amsterdam Centraal begrüßen wird, wohl aus? Hat er vielleicht braune Haare und Sommersprossen wie sie? Hoffentlich ist die kleine Wohnung im Viertel Jordaan genauso schön, wie es die Bilder versprechen. Was für ein Glück, dass sie diese Wohnung an der Egelantiersgracht von einer niederländischen Studentin zur Untermiete bekommen hat! Ganz in der Nähe wohnte im 17. Jahrhundert sogar der alte Rembrandt – für sie als Kunststudentin im fünften Semester eine grandiose Vorstellung! Aufgeregt und müde von den Vorbereitungen schläft Anne ein paar Gedanken später ein.

In Aachen bleiben ihr nur ein paar Minuten zum Umsteigen. Anne rennt mit wehenden Haaren durch den Bahnhof und erreicht gerade noch rechtzeitig das Gleis. Ein gelber Zug der Niederländischen Eisenbahngesellschaft NS *(Nederlandse Spoorwegen)* steht schon abfahrbereit. Puh, das war knapp.

Sie ist froh, dass sie nicht, wie ursprünglich gedacht, im niederländischen Heerlen umsteigen muss, sondern bis Maastricht durchfahren kann. Dort, in der alten Universitätsstadt, will Anne einen kleinen Zwischenstopp einlegen. Immerhin ist Maastricht die Hauptstadt der Provinz Limburg, und Limburg ist für Anne ein Stück Heimat. Hier lebten früher ihre Vorfahren mütterlicherseits – als Spargelbauern. Davon hat ihre Großmutter Ineke, die auf einem Limburger Bauernhof aufgewachsen ist, oft erzählt. In Limburg, hat sie zu Anne gesagt und sie mit ihren aufmerksamen kleinen Augen angesehen, in Limburg gebe es den besten Spargel. Das sei so, weil der typische Limburger Sandboden, das sogenannte *Geest*, für den Spargelanbau besonders gut geeignet sei. Auch heute noch, das hat Anne kurz vor ihrer Abfahrt gelesen, gilt Limburg als der wichtigste niederländische Produzent von Spargel. Und das Beste: Die Spargelsaison hat jetzt, im April, gerade erst begonnen!

Anne sitzt am Fenster und drückt sich die Nase platt. Das also ist Limburg. So hat sie sich die Niederlande eigentlich nicht vorgestellt: Der Zug fährt an alten Fachwerkhäusern und verträumten Schlössern vorbei. Sie sieht kleine Seen und Wasserwege neben ausgedehnten Waldgebieten, daneben schöne, etwas hügelige Heidelandschaften. Vom typisch holländischen, flachen Land keine Spur. Im Gegenteil: Was für eine wunderschöne grüne, leicht bergige Gegend! Schnell holt Anne ihr Skizzenbuch und einen schwarzen Stift hervor und beginnt, mit kleinen, feinen Linien zu zeichnen.

Tief im Süden: Limburg

An der Grenze zu Belgien und Deutschland liegt die Provinz Limburg. Sie unterscheidet sich mit ihren Hügeln und Wäldern landschaftlich und auch kulturell deutlich vom Rest des Landes. So spricht die limburgische Bevölkerung z.B. neben der niederländischen Amtssprache einen eigenen Dialekt, das Limburgische, das immerhin 1,6 Millionen Sprecher zählt und sogar den Status einer eigenen Regionalsprache besitzt. Die Andersartigkeit Limburgs ist auch historisch bedingt: Erst nach 1830 wurde das heutige Gebiet Limburg als Provinz der Niederlande anerkannt, auch wenn es zuvor schon zwei Jahrhunderte unter niederländischer Herrschaft gestanden hatte. Hauptstadt von Limburg ist die alte Universitätsstadt Maastricht an der Maas (ca. 120.000 Einwohner), die für Interessierte aus aller Welt viel zu bieten hat: über 1.600 historische Bauwerke verschiedenster Stilrichtungen (Renaissance, Barock, Rokoko), zahlreiche Museen, viele Straßencafés in romantischen Gassen und eine Vielzahl von internationalen Läden und exklusiven Boutiquen.

»Kaartjes, alstublieft!«

Eine freundliche, aber energische Stimme reißt Anne aus ihren Gedanken. Vor ihr steht ein verschmitzt lächelnder Mann in einer dunkelblauen Uniform, an der ein kleiner Doppelpfeil, das Zeichen der niederländischen Eisenbahn, angebracht ist. Der Schaffner rückt seine Kappe zurecht, zwinkert ihr zu und wiederholt seine Worte: *»Kaartjes, alstublieft!«* (Die Fahrkarten, bitte!)

Anne kramt in ihrer Tasche. »Hier«, sagt sie und fügt, während sie dem Schaffner den Fahrschein gibt, fröhlich und stolz ihren ersten niederländischen Satz hinzu: *»Eindelijk in Holland!«* (Endlich in Holland!)

Plötzlich lächelt der Schaffner etwas weniger. *»U bent nog lang niet in Holland, mevrouw!«* (Sie sind noch lange nicht in Holland, gnädige Frau!), antwortet er und gibt ihr die Karte zurück.

Verwirrt blickt Anne dem Schaffner hinterher. Noch lange nicht in Holland? Wieso denn nicht? Ist sie in den falschen Zug gestiegen? Oder hat sie den Schaffner nicht richtig verstanden? Aber er hat doch Holländisch gesprochen!

Was ist da schiefgelaufen?

In Deutschland und in anderen Ländern spricht man, wenn man über die Niederlande redet, meistens von »Holland«. Dabei ist der offizielle Name im Niederländischen *Nederland* (Einzahl) und im Deutschen »Niederlande« (Plural). »Holland« ist dagegen streng genommen lediglich die Bezeichnung für die frühere Küstenprovinz Holland, die heute in die zwei westlichen Provinzen Nord- und Südholland aufgeteilt ist.

Vieles, was (deutschen) Touristen als typisch für die gesamten Niederlande erscheint, ist mit diesen zwei holländischen Provinzen verbunden: die großen Städte Amsterdam, Den Haag und Rotterdam, der Anbau von Tulpen, die berühmten holländischen Käsesorten Gouda und Edamer und die bekannteste niederländische Tracht mit der weißen Flügelhaube, die aus Volendam in Nordholland stammt. Wenn man also einen Limburger einen Holländer nennt, ist das ein bisschen so, als würde man einen Niedersachsen nicht als Deutschen, sondern als Bayern bezeichnen und ihm womöglich noch unterstellen, dass er mit Lederhosen zur Arbeit geht.

Dazu, dass Holland von den Deutschen heute oft mit den Niederlanden gleichgesetzt wird (und andersherum), haben die Niederlande selbst einiges beigetragen, denn in den letzten Jahrzehnten wurde der eingängigere Name Holland von der niederländischen Tourismusindustrie gezielt vermarktet. Dass man heute seine Niederlande-Reise über das Internetportal www.holland.com buchen kann, ist das direkte Ergebnis dieser Strategie, die in der Werbung schon seit den 1960er-Jahren verfolgt wird: Wer kennt es nicht, das lächelnde *kaasmeisje* (Käsemädchen) aus »Holland« mit den blonden Zöpfen in blau-weiß-roter Tracht und Volendamer Haube. Auch wenn sie in den Niederlanden wenig bekannt ist – seit vielen Jahren wirbt Frau Antje im deutschen Fernsehen sehr erfolgreich für »holländischen« Käse.

Im Niederländischen wird der Begriff *Holland* als Oberbegriff für die Niederlande zwar auch benutzt, jedoch lediglich als Schlachtruf bei Fußballländerspielen: *Hup, Holland, hup, laat de leeuw niet in z'n hempie staan* (Hopp, Holland, hopp, lass den Löwen nicht im Hemdchen stehen). Ansonsten wird in den Niederlanden trotz der touristischen Vermarktung des Namens *Holland* zwischen *Holland* und *Nederland* streng unterschieden. Wer von *Holland* spricht, meint auch Holland, also entweder die Provinz Südholland und/oder die Provinz Nordholland, mehr nicht.

Die Niederlande und ihre Provinzen

Die niederländische Geschichte wurde v.a. durch die zwei Küstenprovinzen Nord- und Südholland mit ihren wichtigen Hafenstädten geprägt. Unter ihrer Führung entwickelte sich die damalige Republik der Vereinigten Sieben Provinzen bzw. die Vereinigten Niederlande im 17. Jahrhundert zu einer der mächtigsten Handelsnationen der Welt. Auch deshalb wird noch heute überall auf der Welt gerne von Holland gesprochen, wenn eigentlich die Niederlande gemeint sind.

Die heutigen Niederlande sind in zwölf Provinzen *(provincies)* aufgeteilt: Im Norden liegen Groningen, Fryslân (Friesland) und Drenthe, in der Mitte der Niederlande Flevoland, Overijssel, Utrecht und Gelderland, im Süden finden sich die zwei Provinzen Nordbrabant und Limburg und an der Nordseeküste von Nord nach Süd liegen Nordholland, Südholland und Zeeland. Die am dichtesten besiedelten Provinzen sind Nordholland, Südholland, Flevoland und Utrecht. Insgesamt leben in den Niederlanden heute fast 16,5 Millionen Einwohner,

Innerhalb der Niederlande bestehen sprachlich große Unterschiede: Neben der Standardsprache *Nederlands* existieren verschiedene Regionalsprachen bzw. regionale Dialekte, z.B. *Zeeuws, Brabants, Nedersaksisch, Frysk* und *Limburgs* mit wiederum eigenen Dialektvarianten. Holländisch ist ein Dialekt, der im Raum Holland, also ungefähr in den Provinzen Nordholland und Südholland gesprochen wird. Das *Frysk* (Westfriesisch) und das Limburgische sind als Verwaltungs- bzw. Regionalsprache anerkannt.

So ist's *oranje*

Jetzt, da Sie wissen, dass Holland nicht gleich Holland ist: Achten Sie darauf, wo genau Sie sich befinden. Zwar sind die Niederlande ein verhältnismäßig kleines Land, doch es gibt hier – genau wie in Deutschland – regionale Unterschiede, auf die die Niederländer teilweise großen Wert legen.

Niederländer, die in den Provinzen Nord- oder Südholland leben, verstehen sich als Holländer und dürfen auch so bezeichnet werden. Niederländer, die aus den anderen Provinzen stammen, zum Beispiel aus Limburg, fühlen sich weder als Holländer noch wollen sie so genannt werden. Nur im Ausland lebende Niederländer nennen sich manchmal selbstironisch einen Holländer oder eine Holländerin.

Wenn sie also wie Anne in Limburg sind, sagen sie: »Endlich in den Niederlanden!« Oder noch besser: »*Eindelijk in Limburg!*« Der Limburger wird sich freuen.

Wörterbüchlein: Starthilfe Niederländisch

Deutsch	Niederländisch
Hallo, ich bin/heiße Anne. Mein Name ist Anne.	*Hallo, ik ben/heet Anne. Mijn naam is Anne.*
Ich komme aus München.	*Ik kom uit München.*
Sprechen Sie Deutsch?	*Kunt u Duits spreken?*
Wie komme ich nach ...?	*Hoe kom ik nar ...?*
Ich kann Sie nicht verstehen.	*Ik kan u niet verstaan.*
Ich spreche kein Niederländisch.	*Ik spreek geen Nederlands.*
bitte/bitte schön (du)	*alsjeblieft*
bitte/bitte schön (Sie)	*alstublieft*
danke/danke schön (du)	*bedankt/dank je wel*
danke/danke schön (Sie)	*bedankt/dank u wel*

2 Krieg ist vorbei!

Englisch als neutrale Sprache

Wenig später steht Anne mit ihrem Rucksack in der Bahnhofshalle von Maastricht.
Überrascht bestaunt sie die farbenprächti-
gen Fenster. Fast fühlt sie sich, als wäre sie
in einer Kirche, wäre da nicht das rege Treiben der Reisen-
den, die Koffer schieben oder ziehen, und das kleine blonde
Kind, das lauthals schreit, bis es von einer Frauenstimme aus
den Lautsprechern übertönt wird: »*De InterCity naar Amsterdam Centraal vertrekt over vijf minuten.*« (Der InterCity nach
Amsterdam fährt in fünf Minuten ab.) Außerdem zeigen die
Glasfenster keine biblischen Motive, sondern Menschen, die
verschiedene Wappen vor sich halten – anscheinend die Wappen verschiedener niederländischer Städte. Anne erkennt auf
einigen Wappen den bekannten Löwen mit der roten Zunge.

Wappen der Niederlande

Die farbigen Glasfenster in der repräsentativen Eingangshalle
des Bahnhofs von Maastricht (erbaut 1913–1915 im Stadtteil
Wyck) zeigen eine Vielzahl von Gemeinde- und Stadtwappen der
Niederlande. Auf einigen dieser Wappen ist ein Löwe mit roter,
herausgestreckter Zunge zu sehen – *de Nederlandse leeuw*. Der
Löwe, der als Symbol von Mut und Königlichkeit schon immer als
das beliebteste Wappentier galt, prägte schon das Wappen des
Hauses Nassau, eines sehr alten deutschen Adelsgeschlechts,
und wurde später in das Wappen des heutigen niederländischen
Königshauses Oranien-Nassau übernommen. Er ist heute auf

allen Wappen der zwölf Provinzen abgebildet, ebenso auf dem Wappen der Regierung der Niederlande. V.a. aber prägt der Löwe das *Grote Rijkswapen* von Beatrix I., der Königin der Niederlande – es ähnelt stark dem Wappen ihres berühmten Vorfahren, Wilhelm III. von Oranien-Nassau (1650–1702), der auf dem Gipfel seiner Macht gleichzeitig König von England, Schottland und Irland und zusätzlich Titularkönig von Frankreich war: Auf einem blauen Schild mit goldenen Schindeln prangt ein gold gekrönter Löwe, der in der Rechten ein Schwert und in der Linken sieben Pfeile hält und der – wie es seit dem 14. Jahrhundert typischerweise dargestellt wird – seine rote Zunge herausstreckt. Der blaue Schild wird von zwei weiteren goldenen Löwen, ebenfalls mit ausgeschlagenen roten Zungen, gehalten und trägt die königliche Krone. Auf einem blauen Band am unteren Rand steht in der alten Diplomatensprache Französisch geschrieben: *Je maintiendrai* (Ich werde bestehen). Umsäumt wird die Gruppe von einem roten Mantel, der wiederum die königliche Krone trägt.

Als Anne aus dem Bahnhofsgebäude tritt, muss sie blinzeln. Was für ein herrlicher Frühlingsnachmittag! Eigentlich wollte sie gleich mit dem nächsten Bus zu ihrem kleinen Hotel in der Altstadt fahren, doch nun entscheidet sie sich um. Die Sonne scheint so schön, sie hat den ganzen Tag gesessen, tragen muss sie nur ihren leichten Rucksack – die Koffer hat sie schon nach Amsterdam vorgeschickt –, da ist ein kleiner Fußmarsch durch Maastricht doch genau das Richtige.

Auf der Karte mit der näheren Umgebung des Bahnhofs, die sie sich am gestrigen Abend noch schnell ausgedruckt hat, erkennt sie, dass sie eigentlich nur die Stationsstraat Richtung Westen gehen muss, um zur Stadtmitte zu gelangen.

Eine Weile spaziert Anne gut gelaunt die belebte Straße hinunter, genießt die warme Frühlingssonne auf ihrem Haar, läuft am Grand Hotel, einem üppigen Blumenladen, einem Denkmal und vielen schönen Jahrhundertwendehäusern vorbei, dann hält sie inne und zieht die Stirn in Falten. Sie ist nun schon an die vierte Kreuzung gelangt und die Straße heißt nicht mehr Stationsstraat, sondern Wyker Brugstraat – soll sie jetzt weiter geradeaus gehen? Oder muss sie rechts abbiegen? Ihr kleiner Stadtplanausschnitt endet leider an genau dieser Stelle. Es ist wohl das Beste, sie findet jemanden, der ihr den Weg beschreiben kann. Anne schaut sich um. Einige Fahrräder flitzen mit surrenden Reifen an ihr vorbei – zu schnell, um den Fahrern eine Frage zuzurufen. In diesem Moment öffnet sich auf der anderen Straßenseite die Tür eines Cafés. Eine ältere, weißhaarige Dame in einem roten Wollmantel tritt auf den *stoep* (Bürgersteig).

»Hallo!«, ruft Anne und wedelt mit den Armen.

Die Dame wendet ihren Kopf zu Anne und sieht sie fragend an. Doch als Anne nicht gleich antwortet, dreht sie sich in die andere Richtung und marschiert mit klackernden Absätzen los.

Was soll Anne bloß sagen? Plötzlich fällt ihr einfach kein niederländischer Satz mehr ein. Hieß »Weg« wirklich einfach *weg*? Was hieß noch mal »rechts abbiegen«? Hieß »geradeaus« wirklich *rechtuit*? Oder war es *rechtsaf*? Anne rennt schnell über die Straße. Jetzt frage ich eben auf Deutsch, denkt sie sich. Die Niederländer können doch alle Deutsch.

Sie ruft: »Entschuldigen Sie bitte, können Sie mir vielleicht sagen, ob ich am besten geradeaus oder nach rechts gehe, um zur Stadtmitte zu kommen?«

Die Dame dreht sich um, sieht Anne mit zusammengekniffenen Mundwinkeln an und antwortet grimmig: »Krieg ist vorbei!«

Anne hält betreten inne. Was soll das denn? Krieg ist vorbei?

In diesem Moment scheint sich die Dame zu besinnen. Sie mustert Anne, und die vielen kleinen Fältchen um ihre braunen Augen ziehen sich lustig zusammen. »Geh einfach geradeaus über die Sint Servaasbrug, dann bist du richtig!«, sagt sie in fehlerfreiem Deutsch.

»*Dank je wel*«, antwortet Anne etwas erschrocken und geht schnell weiter.

Was ist da schiefgelaufen?

Eigentlich hat sich Anne nicht geirrt: Die ältere Dame konnte tatsächlich Deutsch, sowohl verstehen als auch fließend sprechen. Aber sie war über die Gelegenheit, ihre deutschen Sprachkenntnisse anwenden zu können, offensichtlich nicht sehr erfreut – im Gegenteil. Warum?

Hier hilft ein kleiner Blick in die Vergangenheit, genauer: auf die Geschichte des deutsch-niederländischen Verhältnisses. Schon Ende des 18. Jahrhunderts bestand aufseiten der Niederlande eine gewisse Skepsis gegenüber dem benachbarten, zusehends militärisch geprägten Preußen. Spätestens seit dem Überfall Deutschlands auf die Niederlande im Mai 1940 und vor allem durch die folgenden Jahre der Besatzung durch die Wehrmacht schlug diese Skepsis in Angst und Ablehnung um. Diese Ablehnung manifestierte sich unter anderem in einer Abwehrhaltung gegenüber der deutschen Sprache: Deutsch, das war die Sprache der Besatzer, es war die Sprache von Hitler und Auschwitz. In den niederländischen Lehrplänen wurde das Fach Deutsch, das zuvor noch erste Fremdsprache gewesen war, auf den zweiten oder sogar dritten Rang verwiesen. Es galt nach dem Krieg geradezu als ein Akt des Widerstands, kein oder nur sehr wenig Deutsch zu sprechen.

Mit ihrer auf Deutsch formulierten Frage an eine Niederländerin, die vielleicht noch Erinnerungen an die Zeit des Zweiten Weltkriegs hat, ist Anne somit in ein ziemliches Fettnäpfchen getreten – die Antwort hat es deutlich gezeigt.

Deutschland und die Niederlande

Das Verhältnis zwischen den zwei Nachbarstaaten war in der Vergangenheit durch verschiedene Konflikte und Gegenläufigkeiten geprägt. Schon früh entwickelte sich bei den freiheitsliebenden Menschen hinter den niederländischen Deichen mit ihrem traditionellen Misstrauen gegen alle Obrigkeiten ein gewisses Überlegenheitsgefühl gegenüber den deutschen *moffen* (wörtlich: Muffelnde, Meckernde) jenseits der Grenze.

Nach Ende des Zweiten Weltkrieges lebte man in den Niederlanden deshalb nach dem Motto »Hüte dich vor den Deutschen«, und auch nachfolgende Generationen konnten sich diesem antideutschen Reflex lange nicht entziehen. Allerdings lässt sich seit einigen Jahren beobachten, dass das deutsche Feindbild in den Niederlanden mehr und mehr in Vergessenheit gerät. Denn die jüngere Generation der Niederländer will vom Zweiten Weltkrieg nicht mehr viel wissen, sie lebt im modernen Europa ohne Grenzen und findet viele deutsche Städte, v.a. Berlin, absolut hip. Zudem haben viele Niederländer bei der Fußballweltmeisterschaft 2006 Deutschland als freundlichen und offenen Gastgeber kennengelernt.

So ist's *oranje*

Man macht sich in den Niederlanden nicht sonderlich beliebt, wenn man als Deutscher gleich auf Deutsch losplappert. Auch wenn die jüngere Generation der Niederländer dem Deutschen insgesamt viel unbelasteter begegnet, so kann es trotzdem passieren, dass man mit der deutschen Sprache nicht gut ankommt.

Dass man Niederländisch spricht, wird hingegen nicht erwartet. Optimal und neutral ist dagegen die Kommunikation auf Englisch. Englisch kann schließlich fast jeder Niederländer – und so gut wie jeder Deutsche.[*] Wenn Sie also in den Niederlanden sind und nicht wissen, wie Sie auf Niederländisch nach dem Weg fragen können, sollten Sie es auf Englisch versuchen.

Fremdsprachen-Asse

Niederländer aller Altersgruppen und aller sozialer Schichten verfügen über breite Fremdsprachenkenntnisse. Das liegt in erster Linie daran, dass die Niederlande ein kleines Land sind und nur wenige Menschen auf der Welt Niederländisch sprechen können. Ausländische Filme und Fernsehsendungen werden stets in der Originalsprache (mit Untertiteln) gesendet – Synchronisation lohnt sich bei dem kleinen Markt für ausländische Produzenten einfach nicht. Die Niederländer schauen zudem gerne englisch- und auch deutschsprachiges Fernsehen, insbesondere die Sportprogramme und verschiedene Serien. Deshalb kommen hier schon kleine Kinder mit dem Klang der verschiedenen Sprachen in Berührung. Ungefähr 80 Prozent der Niederländer sprechen Englisch, über 40 Prozent sprechen Deutsch und mehr als 20 Prozent beherrschen das Französische.

[*] ... oder jede Niederländerin und jede Deutsche. Auf Gendermarkierungen muss im Folgenden aus Gründen der Lesbarkeit leider verzichtet werden. Nachfolgende Nennungen in der männlichen Form schließen die weibliche Form aber stets ausdrücklich mit ein.

3 Falsche Freunde
Niederländisch-deutsche Verwechslungsgefahren

Anne läuft weiter geradeaus, dann steht sie am Ufer der Maas, vor einer Brücke, die nur von Fußgängern passiert werden darf – die Sint Servaasbrug (Sankt-Servatius-Brücke), die den Stadtteil Wyck mit dem Stadtzentrum und der Altstadt verbindet. Sie mischt sich unter die zahlreichen großen und kleinen, alten und jungen Fußgänger, die eilig oder bummelnd, in Gruppen, als eng umschlungene Paare oder alleine über die Brücke in Richtung Zentrum streben, und kramt ihren Reiseführer aus dem Rucksack. Die Steinbrücke mit ihren sieben Rundbögen wurde – so liest sie – schon im 13. Jahrhundert erbaut und ist damit die älteste Brücke der Niederlande.

In der Mitte der Brücke bleibt Anne stehen und blickt hinüber auf das bunte, vom Sonnenlicht angestrahlte Ufer der Maas, wo viele alte Steinhäuser stehen, eng aneinandergebaut, schmal oder breit, mit Verzierungen oder schlicht, gelb, braun, blau oder grau. Dann beugt sie sich über das Brückengeländer, sieht hinunter auf den Fluss, der eine ordentliche Strömung hat, und lässt sich eine Weile vom warmen Frühlingswind durchpusten. Plötzlich merkt sie, dass sie müde und hungrig ist. Erschöpft legt sie den Kopf auf ihre Arme. Das frühe Aufstehen heute Morgen und die lange Fahrt ... Eigentlich möchte sie jetzt nur noch etwas essen und trinken und dann schnell in ihr Hotel einchecken – und schlafen.

In diesem Moment raunt ihr eine rauchige Stimme ins rechte Ohr: »*Zal ik u even helpen?*«

Anne richtete sich etwas erschrocken auf und blickt in ein fremdes Gesicht. Sie tritt einen Schritt zurück und schüttelt den Kopf. Warum ist der Mann – offensichtlich ein Einheimischer – so nah an sie herangetreten? Er hat sie sogar geduzt!

Zweifelnd schaut sie zuerst auf die Bartstoppeln und die leicht zittrigen Lippen, dann auf die ziemlich zerzausten Haare des Niederländers, der nun seine Frage wiederholt: »*Zal ik u even helpen?*«

Anne schüttelt erneut den Kopf, hakt entschlossen ihre Arme in die Träger des Rucksacks und dreht sich mit einem Ruck um. Da fällt es ihr plötzlich auf: Der Mann hat sie ja gar nicht geduzt! Im Gegenteil, seine Frage war sehr respektvoll formuliert (»Kann ich Ihnen helfen?«).

Anne beeilt sich nun, den Mann freundlich anzulächeln und etwas Nettes zu antworten – und sagt in holprigem Niederländisch: »*Dank je wel, alles okay! Maar ik moet iets eten.*« (Danke, alles okay! Aber ich muss wohl etwas essen.)

»*De Limburgse toert moet je echt proberen*« (Du musst unbedingt Limburger Torte probieren), antwortet der Mann und lächelt zurück.

»*Oh ja, Limburgse toert met zoete, roode vulling!*« (Oh ja, Limburger Torte mit süßer, roter Füllung), will Anne antworten. Und sie bemüht sich sehr, alle Wörter richtig auszusprechen. Dabei rollt sie das »r« in *roode* ein wenig und sagt mit Schwung »*rotte*«, sodass das Wort nicht zu weich, sondern ganz flott und – wie sie findet – richtig niederländisch klingt.

Der Niederländer zieht die Augenbrauen hoch und mustert sie kurz, dann antwortet er: »*Over de brug is een gezellig café, waar zich deftige mensen treffen. Tot ziens!*«

Ein Café, wo sich »deftige« Menschen treffen? Anne überquert nachdenklich die Brücke. Lieber sucht sie sich ein anderes Café, denkt sie, denn nach dem langen Tag sehnt sie sich nicht nach einer lauten Kneipe mit womöglich betrunkenen Leuten, die deftige Witze machen.

Ein paar Minuten später steht sie vor einem kleinen, sehr einladend wirkenden und äußerst geschmackvoll eingerichteten Café – da, wo eigentlich die Kneipe voll raubeiniger, laut schreiender Gesellen sein sollte. Egal! Hier gibt es original *Limburgse toert*. Und was für eine leckere! Anne erinnert sich, früher einmal diese Limburger Spezialität probiert zu haben. Aber diese hier, mit knusprig-süßem Teig und leuchtend roter, klebrig-fruchtiger Beerenfüllung ist noch viel besser! Das also ist Limburg, denkt Anne, lehnt sich gemütlich in den samtweichen Sessel und bestellt zufrieden ein zweites Stück.

Was ist da schiefgelaufen?

Anne hat auf ihrem ersten Spaziergang durch Maastricht genau jenen Fehler gemacht, den viele Deutsche zunächst begehen: Sie hat zu sehr vom Deutschen auf das Niederländische geschlossen. Zunächst hat sie das niederländische *u* mit dem deutschen Du verwechselt. Der Mann, der sie gefragt hat, ob er ihr helfen könne, hat das für einen Niederländer ausgesprochen höfliche, weil seltenere *u* (Sie) benutzt. Er war einfach freundlich und hilfsbereit, als er Anne blass und müde am Brückengeländer stehen gesehen hat. Danach hat Anne den Mann übrigens ihrerseits einfach geduzt (zum Duzen und Siezen siehe Kapitel 14: »(K)Eine Frage der Höflichkeit«, S. 105).

In der weiteren Kommunikation mit dem Niederländer ist Anne erneut in das Verwechslungsfettnäpfchen getreten, denn das Wort *rood* ist im Niederländischen nur dann eine Farbangabe, wenn es mit weichem »d« und langem »o« gesprochen wird *(rood, roode)*. Mit hartem »t« und kurzem »o« gesprochen und dementsprechend geschrieben, verändert sich die Bedeutung grundlegend – es bedeutet nun »verfault« oder »verdorben« *(rot, rotte)*. Anne hat dem Mann also zu verstehen gegeben, sie möge Limburger Torte, mit »verfaulter« Füllung. Das klang dann doch sehr befremdlich!

Auch beim Zuhören hat Anne zu sehr vom Deutschen auf das Niederländische geschlossen. Der Niederländer hat ihr keineswegs ein Café empfohlen, in dem »deftige« oder derbe Menschen verkehren, sondern ein besonders edles, kleines Café mit einheimischen Spezialitäten. Das niederländische *deftig* bedeutet nämlich »vornehm«.

Wörterbüchlein: Falsche Freunde

Viele niederländische Wörter klingen ähnlich wie deutsche Wörter und werden oft auch ähnlich oder sogar genauso geschrieben. Sehr oft stimmen auch die Bedeutungen der Wörter überein, aber Achtung: nicht immer!

Niederländisch	... heißt auf Deutsch	... heißt nicht
band	Reifen	Band
bekocht	betrogen	bekocht
bellen	klingeln	bellen
bloot	nackt	Blut
brutaal	frech	brutal

Niederländisch	... heißt auf Deutsch	... heißt nicht
deftig	edel, vornehm	deftig
doof	taub	doof
gekocht	gekauft	gekocht
kuchen	hüsteln	Kuchen
mist	Nebel	Mist
mond	Mund	Mond
rot	verdorben	rot
schreien	weinen	schreien
u	Sie	du
(het) uur	(die) Stunde	(die) Uhr
vies	schmutzig	fies
wissen	löschen, wischen	wissen

Auch diverse kleine Fragewörter, Ortsangaben und Konjunktionen können Probleme oder Missverständnisse verursachen, denn sie haben oft andere Bedeutungen als das ähnlich klingende oder ähnlich geschriebene deutsche Wort oder heißen zusätzlich noch etwas anderes: Das niederländische Wort *als* heißt z.B. auf Deutsch nicht nur »als«, sondern bei Vergleichen auch »wie« und bei Komparativen »wenn« oder »wann«; *daar* heißt übersetzt zwar auch »dort«, »da« und »dahin«, aber es kann auch »weil« und »indem« heißen; das kleine Wörtchen *wie* entspricht überhaupt nicht dem deutschen »wie«, sondern heißt »wer«, »wen« oder »wem«; *van wie* heißt »von wem« bzw. »wessen« oder »dessen«; *waar* heißt zwar auch »wahr«, aber eben zusätzlich noch »wo«; und *want* bedeutet nicht »Wand« oder – wie man vermuten könnte – »wann«, sondern »denn«.

So ist's *oranje*

Wenn Sie Gast in den Niederlanden sind und die niederländische Sprache (noch) nicht beherrschen, können Sie in Situationen geraten, in denen Sie der Versuchung nicht widerstehen können, sich doch ein bisschen in Niederländisch zu versuchen – schließlich scheint es viele Ähnlichkeiten zwischen dem Niederländischen und dem Deutschen zu geben. Sie sollten die Ähnlichkeiten jedoch nicht überschätzen!

Neben verschiedenen Substantiven, Adjektiven und Verben bedeuten einige Fragwörter oder Ortsangaben manchmal das genaue Gegenteil des ähnlich erscheinenden deutschen Wortes. Da diese kleinen Wörter sehr häufig gebraucht werden, kann es hilfreich sein, diese Begriffe samt deutscher Bedeutung auswendig zu lernen.

Die Aussprache des Niederländischen

Deutsch und Niederländisch sind Schwestersprachen, d.h., sie sind eng miteinander verwandt und haben gemeinsame Wurzeln. Somit sind Grammatik, Satzbau und – neben einigen »falschen Freunden« – auch der überwiegende Teil des Wortschatzes beider Sprachen sehr ähnlich. Unterschiedlich ist v.a. die Aussprache, insbesondere der Diphthonge »eu« (sprich »ö« wie in »Zöpfe«), »oe« (sprich »u« wie in »Blume«) und »ou« (sprich »au« wie in »Haus«), bei den Vokalen und Konsonanten v.a. das »u« (sprich »ü« wie in »drüben«, also wie in langen Silben, oder »ö« wie in »können«, also wie in geschlossenen Silben) und das »g« (sprich »ch« wie in »acht«). Das »n« am Wortende wird übrigens meistens kaum ausgesprochen, mit Ausnahmen einiger Wörter wie z.B. bei »een« (ein/e) oder »en« (und).

	Niederländisch	Deutsch	Aussprache
eu	*Wat leuk!*	Wie nett!	Wat löök!
oe	*goed*	gut	chuud
ou	*Ik hou van je!*	Ich liebe dich!	Ik hau van je!
u	*dank u*	danke (Ihnen)	dank ü (»ü« lang)
u	*welterusten*	gute Nacht	welteröste (»ö« kurz)
g	*goedendag*	guten Tag	chuude dach

4 · Lekker!

Hagelkörner im Frühstücksraum

Am nächsten Morgen wacht Anne schon früh auf. Sie reibt sich die Augen, blinzelt kurz, bis sie sich daran erinnert, wo sie eigentlich ist: im riesigen, weichen Bett in einem ganz und gar mit rosa Stoff ausgekleideten Hotelzimmer in Maastricht. Auf dem Nachttisch liegt ihr Skizzenbuch – sie hat abends im Bett liegend noch versucht, den niederländischen Löwen zu zeichnen. Eigentlich ist sie damit ganz zufrieden. Anne legt ihren Kopf schief, fügt noch ein paar Striche am Löwenkörper hinzu und schreibt dann mit kleinen Buchstaben unter das Bild: »Ankunft in Maastricht – mein erster Tag.« Dann klappt sie mit einem Schwung das Buch zu, hüpft aus dem Bett, öffnet das Fenster und sieht hinunter auf die kleine, gepflasterte Straße, die – wie der größte Teil der Maastrichter Innenstadt – nur von Fußgängern und Fahrrädern passiert werden darf.

Anne lehnt sich etwas weiter über das Fensterbrett und blickt in die enge Gasse hinab. Kaum jemand ist auf den Beinen, nur ein einzelner Fahrradfahrer ist zu sehen, alle Geschäfte haben an diesem Sonntagmorgen geschlossen. Aber in wenigen Stunden, das ahnt sie, wird es trotz der geschlossenen Läden mit der Ruhe vorbei sein. Die vielen Touristen, die sie gestern bemerkt hat, haben die Stadt ja wohl nicht über Nacht verlassen.

Anne springt deshalb schnell unter die Dusche, zieht ihr dunkelblaues Kleid von gestern wieder an und eilt die geschwungene Holztreppe zum Frühstücksraum des Hotels hinunter.

Am gestrigen Abend hat sie nicht mehr viel von Maastricht gesehen. Nach der leckeren Limburger Torte ist sie so satt und müde gewesen, dass sie auf schnellstem Weg in ihr Hotel gelaufen und dann gleich ins Bett gefallen ist. Das möchte sie nach dem Frühstück unbedingt nachholen. Sie hat nur einen knappen Tag Zeit, um Maastricht zu erkunden, denn schon kurz vor 18 Uhr fährt ihr Zug nach Amsterdam ab.

Im kleinen, sehr gemütlich eingerichteten Frühstücksraum mit rosa Tischdecken sitzt um diese Zeit an einem Sonntagmorgen noch kein Mensch. Doch, dahinten in der Ecke entdeckt Anne einen Gast, der etwas griesgrämig in seiner Zeitung blättert. Er nickt ihr kurz zu und vertieft sich dann wieder in seine Morgenlektüre.

Direkt an der Eingangstür steht ein großer Behälter mit heißem Tee. Aus einer Kanne daneben duftet es köstlich nach kräftigem schwarzem Kaffee. Anne füllt sich eine Tasse und bringt sie zu einem Tisch am Fenster. Dann steuert sie auf das Buffet zu. In drei Brotkörben findet sie frisches, noch warmes Brot. Es sieht fast wie Toastbrot aus und fühlt sich auch so an – ein Toaster ist aber nirgendwo zu entdecken. Anne nimmt sich drei Scheiben des weichen Brotes, zwei weiße und eine dunklere. In einem Gläschen findet sie Butter, daneben liegen verschiedene Sorten Käse und Wurst. Weiter hinten steht ein Glas mit einer cremigen Paste. Sie riecht daran: *pindakaas* (Erdnussbutter). Einen anderen süßen Brotaufstrich kann sie allerdings nirgendwo entdecken. Gibt es in den Niederlanden keine Marmelade? Keinen Honig? Oder zumindest Nutella? Nichts. Anne sieht sich ratlos um. Schließlich ist sie eine ausgemachte Süß-Frühstückerin.

In diesem Moment öffnet sich eine Tür und eine kleine, etwas rundliche Frau mit knallrot gefärbtem Lockenkopf kommt herein und ruft laut: »*Goedemorgen!*« Nach einem kurzen Blick auf Anne fragt sie: »Fehlt etwas? Orangensaft?«

Anne überlegt kurz, dann antwortet sie: »Haben Sie vielleicht ein bisschen Marmelade oder Honig?«

Nach einem kurzen prüfenden Blick auf das Frühstücksbuffet antwortet die Frau: »Die Marmelade ist leider alle. Aber im ganzen Raum findest du *hagelslag*. Guten Appetit!«

Sehr merkwürdig, denkt Anne. Keine Marmelade, dafür im ganzen Raum Hagelkörner? Sie hat wohl schon wieder etwas falsch verstanden. Nachfragen geht nicht, denn die Frau ist schon wieder weg. Nach kurzem Zögern setzt sie sich an ihren Tisch. Dann isst sie eben das Brot nur mit Butter – auf Käse oder Wurst hat sie heute Morgen absolut keinen Appetit.

Doch auch das ist nicht ganz einfach, bemerkt Anne. Das Brot ist sehr weich und sie hat Mühe, die Butter darauf zu verstreichen, ohne es zu zerreißen. Erst bei der zweiten Scheibe, als die Butter schon etwas wärmer ist, gelingt es ihr. Zufrieden beißt Anne Stück für Stück des süßlichen Brotes ab, da bleibt ihr Blick an etwas hängen: Auf ihrem Tisch stehen fünf kleine rechteckige Packungen. Auf den Packungen sind Brotscheiben abgebildet, die mit Kuchenstreuseln in allen Farben und Formen bedeckt sind. Was soll das denn? Kuchenstreusel zum Frühstück? Das ist doch eher was zum Verzieren von Plätzchen!

Anne legt zögerlich eine Brotscheibe auf ihren Teller. Dann greift sie zu der Packung mit der Aufschrift *Chocoladehagelslag* und streut die dunklen Schokokörner auf das Brot. Als alles schön bedeckt ist, nimmt sie vorsichtig die Scheibe in die Hand und versucht dabei, das Brot gerade zu halten. Dann hebt sie die Brotscheibe langsam zum Mund und beißt hinein. Oh je, schon ist es passiert! Schokokörner kullern und rieseln kreuz und quer über Teller und Tisch. Anne versucht noch, einige Körner aufzuhalten, doch das macht die Sache nur schlimmer. Schwupps, schon liegt die Brotscheibe falsch herum auf dem Tisch, die ganze rosa Tischdecke ist über und über mit braunen Krümeln bedeckt, auch auf den Boden hat es kräftig Schokolade gehagelt. Schnell wischt Anne mit dem Fuß über den Teppich – haben die hier denn keinen Hund, der schnell alles wegfressen kann? Anne sieht sich um. Anscheinend hat niemand ihr Missgeschick beobachtet.

Wie hat die Kellnerin es formuliert: »Du findest im ganzen Raum *hagelslag*.« Als hätte sie es geahnt!

Anne schüttelt den Kopf und blickt zu dem Niederländer in der Ecke hinüber. Gerade lehnt er sich etwas zurück und hebt seine Zeitung höher. Anne hat freie Sicht auf seinen Teller: Darauf und auch daneben liegen einige wenige Schokoladenkrümel. Sehr wenige. In diesem Moment legt der Niederländer seine Zeitung ab und pickt mit den Fingern die restlichen Krümel auf. Dann hebt er seinen Kopf, grinst zu Anne hinüber und murmelt: »*Lekker.*«

Etwas irritiert und nach zweieinhalb Scheiben des weichen Brotes immer noch hungrig räumt Anne ihre Sachen zusammen und verlässt den Frühstücksraum.

Was ist da schiefgelaufen?

Mit ihrem Appetit auf etwas Süßes zum Frühstück lag Anne eigentlich goldrichtig, denn auf einen reich gedeckten niederländischen Frühstückstisch gehören neben Milch, Tee und Kaffee, verschiedenen Brotsorten, manchmal Pfannkuchen, Butter, Eiern, mehreren Käse- und Wurstsorten sowie Erdnussbutter auch süße Brotbeläge oder Aufstriche, die sehr gut zu den weichen Broten passen, die mit dem deutschen Sauerteig- oder Schwarzbrot überhaupt nichts gemein haben. Absoluter Kult unter den süßen Brotbelägen ist dabei der sogenannte *hagelslag*. Die kleinen Schokoladen- oder Zuckerstreusel, die es in allen möglichen Variationen gibt, dürfen in den Niederlanden bei keinem Frühstück fehlen.

Anne hat zwar richtig erkannt, dass man den *hagelslag* auf das Brot streuen muss, allerdings benötigt man Butter auf dem Brot, damit die Streusel haften bleiben. Sie landen sonst nicht im Mund, sondern hageln auf Tisch und Boden. Selbst der geübteste *hagelslag*-Esser hätte damit seine Probleme.

So ist's *oranje*

Beim nächsten Frühstück *(ontbijt)* sollte Anne ruhig etwas mutiger sein. Das Brot muss nur gut mit Butter bestrichen werden, erst dann wird es mit *hagelslag* bestreut. Der geübte Niederländer drückt den *hagelslag* danach mit dem Messer fest – dann kann nichts mehr schiefgehen. Na ja, fast nichts, denn eigentlich gehören ein paar Krümel auf Teller, Tisch und Boden dazu. Ein paar ...

Wenn Anne das erste richtige *hagelslag*-Brot gegessen hat und auf den Geschmack gekommen ist, kann sie damit beginnen, sich durch alle Sorten hindurchzuprobieren: Sie kann den bekanntesten *hagelslag* aus Vollmilchschokolade oder Zartbitterschokolade testen oder eine Mischung aus Vollmilch- und weißer Schokolade; sie kann *hagelslag* in Form von kleinen Flocken statt Körnern auf ihr Brot streuen oder Frucht-*hagelslag (vruchtenhagel)* aus gefärbtem Zucker, der süß auf der Zunge zergeht; oder sie hat Glück und erwischt eine Packung Überraschungs-*hagelslag* – hier rieseln neben den üblichen Streuseln auch verschiedene bunte Schokofiguren aus der Packung. Wenn allerdings Kinder in der Nähe sind, kann es passieren, dass die bunten Figuren auf mysteriöse Weise aus der Packung oder vom Brot verschwinden.

Trotz des einigermaßen gehaltvollen Belags wird Anne bald merken, dass drei Scheiben vom niederländischen *brood* nicht ausreichen, um satt zu werden. Denn der Unterschied zwischen deutschem und niederländischem Brot liegt nicht nur darin, dass es verhältnismäßig weich, für manchen Geschmack sogar ausgesprochen labberig und damit schwer zu bestreichen ist (zumal es nicht getoastet wird), sondern dass es auch deutlich weniger sättigt. Nach zwei Scheiben deutschem Brot wäre Anne gut für ihren Spaziergang durch Maastricht gerüstet gewesen. Nach zwei niederländischen *boterhammen* (Butterbroten) wird sie hingegen bald der Hunger plagen.

Das Wörtchen *lekker*

Es gibt einige Begriffe, die für den Niederländer besonders wichtig sind – neben dem Wort *gezellig* (siehe Kapitel 7: »Ein Tässchen in Ehren«, S. 49) – sind das v.a. die vielseitig verwendbaren positiven Adjektive *leuk* (nett, reizend, schön – sprich »löök«), *mooi* (schön, hübsch) und v.a. das kleine Wörtchen *lekker,* das im Niederländischen besonders vielfältig und umfassend einsetzbar ist. Denn mit *lekker* drückt der Niederländer nicht nur sein Wohlgefallen über gutes Essen und Trinken aus (*Dat ruit lekker!* – Das riecht lecker!), sondern er kann damit auch Eigenschaften von Konkretem oder Abstraktem aus vielen anderen Bereichen beschreiben und *lekker* sogar adverbial einsetzen: Der Niederländer kennt deshalb nicht nur *lekker hapje* (Leckerbissen), sondern auch *lekker weer* (gutes Wetter) oder ein *lekker meisje* (attraktives Mädchen). Und er kann auch *lekker slapen/werken/dromen* (gut schlafen/arbeiten/träumen) oder sich *niet lekker voelen* (nicht gut fühlen).

5   Im Fegefeuer

Nach einem kurzen Fußmarsch durch die Gassen von Maastricht, steht Anne auf einem Platz, der von bunten Häuserfassaden umsäumt und von einem imposanten Gebäude dominiert wird: dem klassizistischen *stadhuis* (Rathaus) aus dem 17. Jahrhundert. Soll sie sich hier kurz hinsetzen? Zu gerne würde Anne eine Skizze der symmetrischen Fassade anfertigen. In diesem Moment erklingt vom Turm des Rathauses ein vielstimmiges Glockenspiel.

Anne sieht sich um. Rund um den Marktplatz öffnen zahlreiche Straßencafés ihre Türen, Kellner mit langen schwarzen Schürzen wischen Tische sauber, stellen Stühle gerade und öffnen Sonnenschirme. Anne überlegt kurz – für eine Kaffeepause ist es noch zu früh, denn sie möchte noch etwas von der Stadt sehen, lieber kehrt sie mittags irgendwo ein. Außerdem weht an diesem Frühlingsmorgen ein kalter, ungemütlicher Wind. Sie knüpft den obersten Knopf ihres Mantels zu – ihr Skizzenbuch muss warten.

Dank des kleinen *plattegrond* (Stadtplan) der Maastrichter Innenstadt, den ihr der Herr an der Hotelrezeption gegeben hat, weiß sie, dass sie nur ein paar Straßen Richtung Süden laufen muss, um zu einer laut Reiseführer besonders sehenswerten Kirche zu gelangen: zur Sint Servaasbasiliek (Sankt-Servatius-Basilika), die zwischen dem 10. und

13. Jahrhundert gebaut wurde und damit die älteste Kirche der Niederlande ist.

Kurz darauf sitzt Anne auf einem Steinsockel vor der Kirche und versucht, Details des reich verzierten Seiteneingangsportals – Figuren aus dem Alten und Neuen Testament – zu skizzieren. Gerade zeichnet sie mit feinen Bleistiftlinien das Gesicht einer männlichen Figur, was nicht ganz einfach ist, da bemerkt sie, dass sie beobachtet wird. Ein älteres Ehepaar sieht interessiert auf Annes Blatt.

Die alte Dame nickt ihr freundlich lächelnd zu: »Das sieht aber gut aus. Das ist ein gelungenes Bild von unserer schönen Basilika!«

»Das ist aber auch wirklich eine sehr schöne Kirche«, erwidert Anne mit einer Handbewegung und fügt höflich hinzu: »Ich habe noch nie eine so schöne alte protestantische Kirche gesehen.« Danach wendet sie sich wieder ihrer Zeichnung zu und hofft, dass sie jetzt in Ruhe gelassen wird. Sie hat nämlich überhaupt keine Lust auf eine Unterhaltung. Viel lieber sitzt sie hier einen Moment für sich alleine, sehend und zeichnend.

Anne vertieft sich wieder in ihre Skizze. Als ihr auffällt, dass es schon eine Weile ganz still ist, von dem älteren Ehepaar also überhaupt keine Antwort gekommen ist, blickt sie noch einmal hoch. Die Dame und der Herr schauen ja immer noch zu ihr herüber, beide mit leicht geröteten Köpfen und – oder irrt sie sich? – sogar mit einem wütenden Ausdruck in ihren Gesichtern!

Jetzt wedelt der alte Herr zackig mit seinem Stock Richtung Basilika und sagt mürrisch: »Um zur protestantischen Kirche zu gelangen, musst du erst durchs Fegefeuer gehen.« Dann richtet er sich auf, stöhnt hörbar, stützt sich auf seinen Stock und spaziert mit seiner Frau am Arm langsam auf das Eingangsportal der Basilika zu. Die Glocken läuten zum Gottesdienst. Beide verschwinden hinter der massiven Tür.

Anne ist ratlos. Sie hat doch nicht schon wieder etwas Unpassendes oder Falsches gesagt? Sie versucht, sich an ihre Sätze zu erinnern: Sicher, das war vielleicht nicht das eleganteste Niederländisch, aber doch auch nicht komplett falsch. Warum dann dieser Stimmungswandel? Und eine so drastische Reaktion. Durchs Fegefeuer wollte er sie schicken!

Irgendwie ist ihr die Lust aufs Zeichnen vergangen. Sie packt ihre Malsachen zusammen, steht auf, geht ein wenig an der Kirche entlang und biegt dann in eine kleine Gasse ein. Nach einigen Schritten bleibt ihr Blick an etwas hängen: Auf dem Straßenschild steht »Het Vagevuur« ... Und über ihrem Kopf: ein hoher roter Turm. Noch eine Kirche!

Was ist da schiefgelaufen?

Wer als Ausländer in die Niederlande reist, trägt wahrscheinlich einige Bilder und Klischees über dieses Land mit sich herum. Vielleicht ist es das Bild des Holländers, der im Sommer im Wohnwagen lebt und im Winter auf Schlittschuhen zur Arbeit fährt. Vielleicht ist es die Vorstellung, dass alle Autokennzeichen in den Niederlanden gelb sind oder dass die Niederlande von Amsterdam aus regiert werden. Vielleicht ist es auch das Bild der liberalen, toleranten und dazu überwiegend protestantischen Bevölkerung.

Einige dieser Bilder entsprechen in kleinen oder großen Teilen durchaus der Wirklichkeit. Zum Beispiel fahren viele, aber eben keineswegs alle Holländer für ihr Leben gern mit dem Wohnwagen in den Urlaub oder brausen im Winter über die zugefrorenen Gewässer (siehe Kapitel 30: »Post am laufenden Meter«, S. 217). Liberalismus und Toleranz werden in den Niederlanden tatsächlich hochgehalten, aber auch hier gibt es Ausländerfeindlichkeit und Rechtsradikalismus (siehe Kapitel 29: »Kopfstöße und schwarze Afghanen«, S. 210). Die meisten – aber nicht alle – Nummernschilder sind gelb und die Hauptstadt der Niederlande ist Amsterdam, wenn auch nicht der Regierungssitz (siehe Kapitel 12: »Oranje oben«, Infobox zum *Prinsjesdag*, S. 94). Und in der Tat waren die Protestanten in den Niederlanden lange Zeit in der Überzahl.

Hier ist wie bei allen Klischees aber Vorsicht geboten: Gerade das Bild der protestantischen Niederlande trifft heute nämlich nicht mehr zu! Zwar stellten die Protestanten bzw. Calvinisten lange Zeit die größte Bevölkerungsgruppe, doch im 20. Jahrhundert änderte sich diese Situation: Viele Protestanten verließen die Kirche, sodass heute die Gruppe der Konfessionslosen mit fast 50 Prozent den größten Teil der Bevölkerung ausmacht, gefolgt von den Katholiken, die mit fast 30 Prozent in der niederländischen Gesellschaft vertreten sind – gegenüber kaum mehr als 15 Prozent Protestanten.

Mit ihrer Annahme, eine protestantische Kirche vor sich zu haben, ist Anne aber nicht nur vor diesem Hintergrund in ein Fettnäpfchen getreten, sondern vor allem deshalb, weil sie sich in Limburg befindet. Denn Limburg, das heißt der Süden der Niederlande, war schon immer ureigenes katholisches Gebiet, während die Menschen im Norden traditionell protestantisch sind. Mit ihrem nett gemeinten Lob der »protestantischen Basilika« hat Anne somit das dem katholischen Gebäude anscheinend tief verbundene Ehepaar ziemlich brüskiert.

Die Antwort des Niederländers fiel aber dennoch nicht ganz so scharf aus, wie sie auf Anne zunächst wirkte. Denn in der Tat steht direkt neben der katholischen Sint Servaasbasiliek eine protestantische Kirche: die im 14. Jahrhundert erbaute Sint Janskerk mit ihrem weit sichtbaren roten Turm. Zwischen beiden Kirchen liegt nur eine kleine Gasse: Het Vagevuur – das Fegefeuer.

Religion und calvinistische Lebenseinstellung

Martin Luthers Lehren, die für das Heilige Römische Reich so folgenreich waren, wurden auch in den Niederlanden verbreitet, v.a. in den nördlichen Provinzen. Allerdings blieben die meisten Niederländer der alten römischen Lehre zunächst treu. Erst allmählich, besonders im Zusammenhang mit den Lehren Johannes Calvins (1509–1564) und mit dem Unabhängigkeitskrieg gegen das katholische Spanien (1568–1648), etablierten sich in den nördlichen Provinzen verschiedene *gereformeerde* (reformierte) Strömungen wie z.B. Calvinisten und Lutheraner, die heute in der gemäßigten *Protestantse Kerk in Nederland* vereinigt sind.

Charakteristisch für den Calvinismus und prägend für die niederländische Gesellschaft war und ist das Motto »*Steek je kop niet boven het maaiveld*« (Halt deinen Kopf nicht über die Mähwiese), was so viel bedeutet wie: Bleib auf dem Teppich – versuche nicht, andere zu übertrumpfen, und fühl dich nicht als etwas Besonderes.

In einigen niederländischen Orten lebt der strenge Calvinismus noch bis heute fort. Besonders im sogenannten *Bijbelgordel* (Bibelgürtel), einer schräg durch das Land verlaufenden Zone, leben noch strenggläubige Reformierte. Schwarze Kleidung, das Verbot moderner Medien, Fleiß, Verzicht auf Luxus und strenge Sonntagsruhe gehören hier zum alltäglichen Leben. Im Süden und Osten, hinter dem *Bijbelgordel*, blieben die Katholiken bis heute in der Mehrheit.

Eine Kirchensteuer wird in den Niederlanden übrigens nicht erhoben.

So ist's *oranje*

Auf ihrer weiteren Reise sollte Anne vorsichtig mit vorgefassten, in ihrem Kopf herumschwirrenden Bildern umgehen. Natürlich gibt es verschiedene Eigenschaften, Vorlieben oder Einstellungen, die in den Niederlanden besonders oft angetroffen und auch hochgehalten werden. Man sollte diese Klischees den einzelnen Bewohnern des Landes aber nicht einfach überstülpen. Denn die Niederlande sind zwar ein kleines, aber dennoch buntes Land, in dem es vielfältige regionale Unterschiede gibt.

Anne wird auf ihrer Reise sicherlich auf Niederländer treffen, die so sind, wie sie es erwartet. Sie wird aber auch auf Menschen treffen, die mit ihren Vorstellungen überhaupt nichts gemein haben: Nur weil die meisten Holländer Protestanten sind oder waren, bedeutet das nicht, dass der Limburger auch protestantisch ist. Nur weil der ordentliche Bayer oder die zünftige Bayerin jeden Sonntag mit Gamsbart und Dirndl in die katholische Kirche gehen, tut der Hamburger dies noch lange nicht. Zwar herrscht im Ausland die Vorstellung, der Deutsche würde gerne Berge von Würstchen und Sauerkraut essen, aber das heißt noch lange nicht, dass in deutschen Haushalten die Würstchen aus den Kühlschränken quellen. Im Gegenteil: Wer als Deutscher mit diesen Stereotypen in Verbindung gebracht wird, ist belustigt oder genervt – das kann einem ganz schön zu den Ohren heraushängen, und ebenso geht es den Niederländern.

Wie der Niederländer (nicht) aussehen will

Abends sitzt Anne im Zug nach Amsterdam. Sie hat fast eine halbe Stunde auf den InterCity gewartet, bis sie durch Zufall mitbekam, dass dieser Zug heute gar nicht fährt. Der Ersatzzug, ein *sneltrein*, in dem sie nun sitzt, ist ein langsamerer Zug, aber wenigstens kein *stoptrein*, ein Bummelzug.

Anne wird trotzdem erst eineinhalb Stunden später in Amsterdam ankommen. Viel besser als in Deutschland scheint es hier auch nicht um die Pünktlichkeit der Züge bestellt. Und hier wird man noch nicht einmal über solche Verspätungen informiert! Anne seufzt. Ihr Blick wandert über die abgewetzten Sitzbezüge in ihrem Abteil. Ein pubertierender Junge lümmelt sich lässig in den Sitz gegenüber, sein Fuß wippt direkt vor ihrer Nase hin und her, im Takt der Musik, die Anne ziemlich gut durch seine Kopfhörer mithören kann. Sie ist plötzlich genervt. Jetzt kommt sie zu spät, das ist ihr unangenehm. Jeroen wartet schließlich auf sie.

Sie tippt in ihr Handy: »Hallo Jeroen. Ich bin leider erst um 21:15 Uhr in Amsterdam. Der andere Zug ist nicht gekommen. Entschuldige! Anne.«

Immerhin hat sie noch einige schöne Stunden in Maastricht verbracht. Sie ist noch einmal zur Maas gelaufen und vor allem hat sie sich in einem kleinen traditionellen Restaurant ein köstliches Mittagessen bestellt: Spargel aus Limburg, zubereitet, wie es die Niederländer mögen: mit Ei. *Echt lekker!*

In diesem Moment blinkt Annes Handy – eine SMS von Jeroen: »Kein Problem. Ich hole dich ab!« Jeroen scheint sich nicht sonderlich über die Verspätung aufzuregen – umso besser.

Probier mal: Spargel mit Ei

Um Spargel auf (eine) niederländische Art zuzubereiten, werden die Spargelstangen zunächst wie gewohnt vom Kopf her dünn geschält und am unteren Ende um ca. 1 cm gekürzt. Danach wird der Spargel in etwas Salzwasser ca. 3 Min. gekocht; nun wird die Herdplatte ausgeschaltet, damit der Spargel im geschlossenen Topf noch etwa 15 Min. nachgaren kann.

Währenddessen werden 1–2 Eier pro Person hart gekocht, mit kaltem Wasser abgeschreckt, gepellt und in sehr kleine Würfelchen geschnitten. Wenn gewünscht, kann auch etwas Kochschinken klein geschnitten und mit den Eiern und dem Spargel auf dem Teller angerichtet werden. Etwas zerlassene Butter darüber – *smakelijk!*

Drei Stunden später fährt der *sneltrein* in Amsterdam ein. Aus dem fahrenden Zug heraus erkennt Anne trotz Dämmerung Kanäle und Gewässer, riesige und kleine Schiffe. Amsterdam – das Venedig des Nordens! Anne ist aufgeregt. Die letzte halbe Stunde hat sie damit verbracht, auf die Uhr zu sehen, hin und wieder ihre Haare zu kämmen, aus dem Fenster zu schauen und nachzudenken. Jetzt steht sie im engen Gang, eingeklemmt zwischen all den Menschen, die darauf warten, dass der Zug endlich in Amsterdam einfährt. Ein kleines Kind quengelt, der Mann neben Anne macht sich so breit, dass sie Mühe hat, das Gleichgewicht zu halten, es riecht nach Schweiß, kaltem Rauch und Alkohol. Anne seufzt. Scheinbar will halb Holland an diesem Sonntagabend nach Amsterdam! Wie soll sie Jeroen in diesem Gedränge bloß erkennen? Und wird er sie erkennen? Gut, dass sie ihm vor der Abreise noch schnell ein Foto von sich gemailt hat.

Danach geht alles ganz schnell. Der Zug hält, Anne wird geschoben und gezogen, dann steht sie am Bahngleis und sieht sich um. Um sie herum herrschen Hektik und Stimmengewirr. Niemand, der auf sie wartet? Sie stellt sich auf die Zehenspitzen. Dort hinten am Ende des Bahnsteigs, vor einer schönen, blau gekachelten Wand reckt sich eine Hand in die Höhe. Die Hand winkt, dahinter erkennt sie hellblonde Haare und ein lachendes Gesicht. Jeroen? Ja, sie winkt zurück, es scheint tatsächlich Jeroen zu sein, der offenbar so groß ist, dass er die ganze Menschenmenge überragt, und der nun seine Hände zu einem Trichter formt und ihr etwas zuruft.

Anne schüttelt den Kopf: Sie hat kein Wort verstanden. Jeroen ruft noch einmal. Und, ja, sie versteht zumindest ein paar Brocken: »Warte! ... Bleib! ... Ich komme ...«

Große Menschen

Mehrere Untersuchungen der vergangenen Jahre haben gezeigt, dass die Niederländer statistisch gesehen das Volk mit den größten Menschen der Welt sind. Die niederländischen Männer sind im Durchschnitt 1,83 Meter groß und die Frauen 1,72 Meter. Und das liegt nicht etwa daran, dass die Niederländer immer auf Holzschuhen durch die Gegend laufen, wie man scherzhaft vermuten könnte, oder weil sie – so ein anderer landläufiger Witz – bei Hochwasser den Kopf über Wasser recken müssen.

Zumal: Die Niederländer waren nicht immer so groß. Vor ungefähr 100 Jahren waren sie sogar noch die kleinsten Menschen in Europa. Wer einmal einen alten niederländischen Bauernhof besucht, wird staunen: Die winzigen Alkoven *(bedsteeën)*, in denen die Menschen schliefen, sehen so aus, also könnten dort nur Kinder Platz finden.

Erst mit Beginn der Industrialisierung änderte sich dies, wahrscheinlich weil es gelang, den Wohlstand gleichmäßiger auf alle Gesellschaftsschichten zu verteilen. Genaue Gründe dafür, warum die Niederländer durchschnittlich größer sind als alle anderen Europäer, konnte man bislang jedoch nicht ausfindig machen. Einige Wissenschaftler prophezeien, dass der durchschnittliche männliche Niederländer in 50 Jahren ungefähr 1,90 Meter groß sein wird.

Anne wartet und beobachtet, wie sich Jeroen langsam durch das Gewühl zu ihr vorarbeitet. Dann steht er vor ihr, riesig, blond, mit strahlenden blauen Augen, streckt ihr seine große Hand entgegen, schenkt ihr ein breites Lächeln und sagt mit brummender Bassstimme: »*Hoi Anne,* ich bin Jeroen, willkommen in Amsterdam!«

Anne lächelt zurück, erleichtert, denn Jeroen ist ihr auf Anhieb sympathisch. Sie ergreift die ausgestreckte Hand und antwortet: »Endlich lerne ich dich kennen!«

»Und«, fragt Jeroen, schüttelt sich mit einer lässigen Kopfbewegung eine Haarsträhne aus der Stirn und zwinkert ihr zu, »geschockt?«

»Ja, unheimlich!«, antwortet Anne und fügt scherzend hinzu: »Du siehst mit deinen blonden Haaren und blauen Augen ja aus wie ein Deutscher!«

»Oh, ist es so schlimm?«, antwortet Jeroen, kneift seine Augen fast unmerklich zusammen und meint: »Du siehst gar nicht typisch deutsch aus.«

Anne findet, dass er irgendwie zerknirscht wirkt. Das ist doch wohl gespielt, oder? Sie versucht, seinen Blick aufzufangen. Doch Jeroen guckt starr auf die Uhr und meint: »Komm, lass uns gehen! Mir ist das hier echt zu voll.«

Was ist da schiefgelaufen?

Anne hat mit ihrer Bemerkung über das vermeintlich »typisch deutsche« Aussehen von Jeroen diesem so ziemlich das schlimmste Kompliment gemacht, das man einem Niederländer machen kann: Sie hat ihn nicht nur mit einem Deutschen verglichen, sondern ihm sogar gesagt, man könne ihn für einen Deutschen halten. Nichts jedoch kann einen Niederländer mehr treffen als das! Niederländer wollen weder für Engländer noch für Belgier und schon gar nicht für Deutsche gehalten werden. Deshalb betonen Niederländer, die sich in Deutschland aufhalten, auch gern, dass sie Niederländer sind – eben einfach anders als die Deutschen, denen sie oft gerade jene Eigenschaften zuschreiben, die sie selbst nicht haben wollen. Deutsche gelten – anders als die toleranten, liberalen und moralisch überlegenen Niederländer – als humorlose, rechthaberische, obrigkeitshörige, perfektionistische Jasager ... und was einem sonst noch an negativen Eigenschaften einfallen mag.

Woran das liegt? Vielleicht am bereits erwähnten, allerdings für die jüngere Generation nicht mehr maßgeblichen Trauma des Zweiten Weltkriegs? Oder am Komplex des kleinen Landes gegenüber dem mächtigen, großen Nachbarn, gegen den man sich irgendwie abgrenzen, gegenüber dem man eine Art Gegenidentität entwickeln muss? Immerhin gibt es solche Phänomene auch zwischen anderen Nachbarländern, zum Beispiel zwischen Engländern und Iren oder Schotten.

Fakt ist: Niederländer distanzieren sich gerne von den Deutschen. Das hat sich bis heute nicht geändert, obwohl verschiedene Untersuchungen belegt haben, dass sich das Deutschlandbild der Niederländer in den vergangenen Jahren durchaus zum Positiven gewandelt hat und dass viele Niederländer die Deutschen nun zum Beispiel als gastfreundlich, offen und verlässlich bezeichnen. Doch bis heute gilt: Wer einen Niederländer als »typisch deutsch« bezeichnet, tritt garantiert in ein riesengroßes Fettnäpfchen.

So ist's *oranje*

Dass Anne mit Bemerkungen wie »Du siehst aus wie ein Deutscher« nicht gerade auf Begeisterung stößt, wird sie bald merken – und so etwas in Zukunft lieber lassen. Sie sollte aber nicht beleidigt sein und es nicht als persönlichen Affront verstehen, auch wenn sie ja genau das ist, was der Niederländer nicht sein will: eine Deutsche.

Natürlich ist es schwierig, wenn man als Deutscher in den Niederlanden (oder als Deutscher in Deutschland mit niederländischen Gästen) mit antideutschen Reflexen konfrontiert wird, wenn im eigenen Beisein kein Blatt vor den Mund genommen wird, wenn über die besserwisserischen *moffen* hergezogen wird. Anne sollte das mit Humor nehmen, so wie sich übrigens auch Niederländer selbst mehr und mehr in ihrer Antihaltung gegen Deutschland aufs Korn nehmen. In einer von Mund zu Mund verbreiteten Anekdote heißt es nicht ganz ohne Selbstkritik: Wenn der Niederländer wirtschaftliche Probleme hat, beschuldigt er die Deutschen. Wenn ein Krieg angezettelt wird, beschuldigt er die Deutschen. Wenn der Niederländer seinen Schlüssel verliert, beschuldigt er die Deutschen.

Anne wird übrigens bald merken, dass zwar gerne über »das Deutsche an sich« gemeckert wird, aber nicht über sie persönlich. Denn diese Vorurteile lösen sich bei persönlichen Kontakten meist in Luft auf – zum Erstaunen der Niederländer, die dann mit einem ganz speziellen und sehr anerkennend gemeinten Kompliment reagieren, indem sie wie Jeroen konstatieren: »Du bist ja gar nicht typisch deutsch!« Ein größeres Kompliment kann ein Niederländer einem Deutschen kaum machen.

Aussehen wie eine Niederländerin: Trachten

Garantiert nicht für Deutsche gehalten werden diejenigen Niederländerinnen, die heimische *klederdrachten* (Trachten) anziehen. In einigen kleinen Gegenden der Niederlande tragen ältere Frauen tatsächlich noch täglich ihre Tracht. Es gibt aber auch einige Ortschaften, in denen auch jüngere Frauen, Kinder und sogar Männer ihre traditionellen Gewänder noch häufig anlegen: Insbesondere in Volendam wird – aus touristischen Gründen – viel Tracht getragen, schließlich wurde und wird diese blau-weiß-rote *klederdracht* im Ausland durch »Frau Antje« (siehe Kapitel 1: »Im Land von Frau Antje, S. 9) gezielt vermarktet.

Aber auch auf der Insel Marken (Nordholland) wird noch häufig *klederdracht* getragen – bei den Frauen kunstvoll gemusterte Oberteile in Rot- und Grüntönen bei unifarbenen, meist blauen Röcken; und bei den Männern dunkelblaue Jacken mit weißen Pumphosen. Auch z.B. in Staphorst (Overijssel), im benachbarten Rouveen, im Zwillingsdorf Bunschoten-Spakenburg (Utrecht), auf der zeeländischen Insel Walcheren oder in Scheveningen (Südholland) wird im Alltag noch häufig die Tracht hervorgeholt.

Typisch für die niederländische *klederdracht* der Frauen ist die Kopfbedeckung, die aus einer recht einfachen weißen *muts* (Haube, Mütze) aus Baumwollstoff bestehen kann oder aus weiten, gestärkten Flügelhauben, wie sie z.B. in Volendam getragen werden, aber auch aus prachtvoll bestickten, reich verzierten, geknüpften oder spitzenbesetzten Hauben. Unter diesen meist hellen – bei Trauer schwarzen – Hauben wird oft ein silberner oder goldener, gelegentlich auch kunstvoll verzierter Reifen getragen: der *oorijzer,* unter den wiederum eine dünne *muts* aufgezogen wird.

Typisch für die niederländische Tracht der Frauen ist auch die sogenannte *kraplap* – eine meist quadratisch genähte Schulter- und Brustbedeckung. Ursprünglich gehörte die *kraplap* zur Unterwäsche und wird auch heute noch gelegentlich versteckt oder unter Tüchern getragen. Bei vielen niederländischen Trachten hat sich die *kraplap* jedoch zum dekorativsten, äußerst kunstvoll verzierten und oft perlenbesetzten Außenstück der *klederdracht* entwickelt.

7 Ein Tässchen in Ehren

Kaffeekult und gezelligheid

»Normalerweise tue ich mir das nicht an«, sagt Jeroen zu Anne, als er ihren Rucksack in den geöffneten Kofferraum des dunkelblauen Peugeot 206 wirft. »Ich fahre sonst immer Fahrrad.«

Mit einem lauten Knall schließt er den Kofferraum und schwingt sich neben Anne, die schon auf dem Beifahrersitz wartet. »Alles klar?«, fragt er, sieht etwas frech zu ihr herüber und startet den Motor. »Dein Gepäck ist vor zwei Tagen bei mir angekommen. Wir holen es jetzt ab, und dann fahren wir zu deiner Wohnung, okay?«

Ja, klar, Anne nickt. Sie kurbelt das Fenster der Beifahrertür herunter. Ein süßlicher Geruch von selbst gedrehten Zigaretten, vermischt mit feuchter, leicht modriger Luft strömt durch das Fenster. Trotz beginnender Dunkelheit herrscht hektisches Treiben am Bahnhof. Unzählige Menschen eilen oder schlendern vorüber, viele mit Rucksäcken, Asiaten, Europäer, Schwarze, eine vermutlich amerikanische Touristengruppe in kurzen Shorts, Frauen in Businesskleidung, ein junger Mann mit Rastazöpfen, der auf dem Boden sitzt und Gitarre spielt. Anne hat schon viel über diesen Platz vor Amsterdam Centraal direkt am Hafen gehört: Zur warmen Jahreszeit ist es hier bunt und voller Leben, hier treffen sich Straßenhändler, Musikanten und Touristen aus aller Welt, hier befinden sich

zahlreiche Hotels und von hier aus kann man mit Straßen-
bahnen und Bussen in jeden Winkel der Stadt fahren.

Während Jeroen das Auto langsam, aber gekonnt aus der
Parklücke manövriert, wirft Anne einen Blick zurück auf das
reich verzierte Bahnhofsgebäude mit seinen zwei Türmen.
Kaum zu glauben, dass dieses große Gebäude, das Ende des
19. Jahrhunderts aus rotem Backstein gebaut wurde, auf Tau-
senden Holzpfählen steht.

Amsterdam – eine Stadt auf Pfählen

Der Hauptbahnhof Amsterdam Centraal wurde auf drei künstlichen Inseln im alten Hafenbecken errichtet und steht auf über
8.000 Holzpfählen, die das Gebäude vor dem Absacken bewah-
ren. Diese Bautechnik ist für Amsterdam typisch. Denn die im
Mündungsdelta der Amstel erbaute, etwa 800.000 Einwohner
fassende Stadt liegt wie ein Drittel der Niederlande unter dem
Meeresspiegel. Genau wie Venedig ist Amsterdam auf rund 100
Inseln gebaut, die durch unzählige Kanäle bzw. Grachten und
Brücken verbunden sind. Deshalb stabilisieren ungefähr fünf Millionen tief in den Untergrund getriebene Pfähle die Fundamente.

Erst durch diese Bautechnik konnten die wohlhabenden Kauf-
leute, die im 16. und 17. Jahrhundert von Amsterdam aus Handel
mit Gewürzen und Sklaven betrieben und die Stadt zu Reichtum
brachten, ihre eleganten Ziegelhäuser und Stadtpaläste errichten. Anders als die leicht brennbaren Holzhäuser, die man zuvor
gebaut hatte, mussten die modernen Häuser viel stärkere Fundamente haben, um auf dem feuchten und morastigen Boden
des IJ – einem eingepolderten, also durch Deiche und Pumpen
trocken gehaltenen Meeresarm der ehemaligen Zuidersee – aufrecht stehen zu können. (Zur ehemaligen Zuidersee siehe Kapitel
11: »Kekschen zum Kaffee?«, S. 78; zum Begriff »Polder« siehe
Kapitel 21: »Land voller Frösche«, S. 149.)

Viele Gebäude wie der Hauptbahnhof oder der Königliche Palast
stehen bis heute auf den alten Holzpfählen – und auch heute
noch wird jeder Neubau der Stadt weiterhin mit Pfählen stabili-
siert. Allerdings kommen inzwischen wegen der Gefahr der Ver-

moderung keine Holzpfähle mehr zum Einsatz, sondern Beton-
pfähle. Diese modernen Pfähle reichen – je nach Größe und
Gewicht der Gebäude – bis zu 60 Meter in die Tiefe.

Aus dem Auto heraus sieht Anne, die sich gemütlich von Jeroen durch die Stadt fahren lässt, seit einigen Minuten Wasser, Hafengebiete, Sandberge, Lastwagen, kleine und große
Kräne, verschiedene Frachtschiffe, dazwischen ein paar Mo-
torboote. Links stehen hohe Häuser, wahrscheinlich Büroge-
bäude. So hat sie sich Amsterdam eigentlich nicht vorgestellt,
eher romantisch mit schönen, alten Häusern.

»Ich wohne in einem Studentenwohnheim in Houthaven,
direkt am Wasser«, sagt Jeroen in diesem Moment. »Das liegt
ziemlich zentral, nördlich vom Hauptbahnhof.«

Kurz darauf steht Anne im dunklen Flur vor Jeroens Zimmer. »Ich konnte leider nicht mehr aufräumen«, sagt er entschuldigend, schließt die Wohnungstür auf und knipst das
Licht an.

»Macht doch nichts«, antwortet Anne und verkneift sich
ein Lächeln. Hier wurde wirklich schon länger nicht mehr
aufgeräumt. Auf, unter und neben dem Schreibtisch stapeln
sich riesige Papierberge, mitten im Raum sind zwei Sessel über und über mit Wäsche, Büchern und anderem Kram
bedeckt. Aber direkt vor dem Bett steht ein kleiner runder
Tisch und darauf nichts außer einer Kerze und einem Tonge-
fäß, wahrscheinlich ein Duftlämpchen. Und dort hinten am
Fenster warten die beiden Koffer, die Anne vor ungefähr zwei
Wochen losgeschickt hat.

»Bevor wir zu deiner Wohnung fahren, mache ich uns
schnell noch ein leckeres Tässchen Kaffee«, ruft Jeroen, wäh-

rend er die Klamotten von zwei Sesseln räumt. »Komm, setz dich!«

»Um Himmels willen, bloß keinen Kaffee um diese Zeit!«, antwortet Anne und verdreht die Augen. »Ich bin doch nicht krank oder verrückt! Außerdem krieg ich dann heute Nacht kein Auge zu.«

Als Jeroen, der zur kleinen Küchenzeile des Zimmers gegangen ist, nicht antwortet, fügt sie scherzend hinzu: »Das machen doch nur die total Kaffeesüchtigen, um diese Zeit Kaffee trinken.«

Jeroen setzt sich auf seinen Bettrand und schüttelt erstaunt den Kopf. Vor sich, auf das kleine Tischchen neben die brennende Kerze, stellt er einen großen Pott mit frisch gebrühtem Kaffee. Von wegen ein *kopje,* ein Tässchen. Das ist eine ausgewachsene, ja: eine riesige Tasse!

»Du bist jetzt in Amsterdam«, sagt Jeroen zu Anne, setzt den Becher an den Mund und schlürft den Kaffee in einem Zug aus.

Was ist da schiefgelaufen?

Nicht nur in Deutschland wird gerne und viel Kaffee getrunken, sondern auch in den Niederlanden. Es gibt aber ein paar Unterschiede in den kulturellen Gepflogenheiten des Kaffeetrinkens.

Zum Beispiel beginnen viele (wenn auch nicht alle) Niederländer den Tag zunächst mit Tee. Erst etwas später, zwischen zehn und elf Uhr morgens, ist *koffietijd.* Wenn ein Niederländer demnach in Deutschland zum Kaffee eingeladen wird, kann es passieren, dass er nicht nachmittags zur deutschen »Kaffeezeit«, die gewöhnlich zwischen 15 und 16 Uhr liegt, an die Tür klopft, sondern vormittags. Die Zeit am Nachmittag, zu der Niederländer natürlich auch gerne mal einen Kaffee trinken, heißt *theetijd*.

Typisch niederländisch ist es, abends Kaffee zu trinken, gleich nach dem Abendessen oder sogar noch später. Was in Deutschland eher die Ausnahme ist, wenn zum Beispiel spät abends nach einem Restaurantbesuch noch ein Espresso bestellt wird, gehört in den Niederlanden zum Abendritual. Es dürfen dann schon ein oder zwei Tassen Kaffee sein, die gemütlich vor dem Fernseher oder in geselliger Runde getrunken werden – übrigens gerne mit spezieller Kaffeesahne statt gewöhnlicher Milch.

Dass Jeroen Anne einen Kaffee angeboten hat, war deswegen in zweierlei Hinsicht typisch: Erstens gehört der Kaffee am Abend zu den Niederländern wie der Morgenkaffee zu den Deutschen. Und zweitens war Jeroens Einladung zum *kopje koffie* eine Einladung zur Geselligkeit. *Gezellig* zu sein heißt, es sich angenehm oder gemütlich zu machen. Stress und Hektik zu vermeiden, ist dem Niederländer in allen Bereichen seines Lebens nämlich sehr wichtig. *Gezelligheid* ist in den Niederlanden ein hohes, vielleicht sogar das höchste Gut. Alles kann und soll möglichst *gezellig* sein: Freizeit, Urlaub und auch die Arbeit.

Anne hat mit ihrer oberlehrerhaften Ablehnung des abendlichen Kaffees somit gleich zwei Fettnäpfchen voll erwischt: Sie hat den niederländischen Abendkaffee als »krank« abgetan und sie hat sich als äußerst *ongezellig* erwiesen, als sie Jeroen, der gemütlich an seinem Tischchen saß, seinen Kaffee alleine trinken ließ.

Niederländer leiden übrigens keineswegs an Schlafproblemen wegen des Kaffees zur späten Stunde – die Gewöhnung macht's.

So ist's *oranje*

Wenn Anne noch einmal von einem Niederländer einen Kaffee angeboten bekommt, sollte sie weniger streng reagieren. Natürlich muss sie zu später Stunde keinen Kaffee trinken, aber sie sollte ihrem Gegenüber seine liebgewordene Gewohnheit auch nicht vermiesen. Außerdem sollte sich Anne bewusst sein, dass es nicht nur um das Getränk Kaffee geht: Es geht vor allem um das gemeinsame Kaffeetrinken, das heißt um Geselligkeit. Kein Niederländer wird es Anne übel nehmen, wenn sie keinen Kaffee trinken möchte. Ungeselligkeit fällt dagegen eher negativ auf. Wahrscheinlich wird ihr, wenn sie den Kaffee freundlich ablehnt, sogar schnell eine andere niederländische Spezialität oder Leckerei angeboten.

Übrigens muss sich Anne auch nicht über die Größe der Kaffeetasse angesichts Jeroens Rede vom *kopje* (Tässchen) wundern. Zwar war die Tasse von Jeroen auch für niederländische Verhältnisse recht groß – in den Niederlanden kennt man eigentlich keine französischen Milchschalen-Formate, sondern trinkt aus normalen Tassen oder Bechern. Die Verkleinerungsform *kopje* hat jedoch mit der Größe des Behältnisses in diesem Fall wenig zu tun. Der Niederländer verkleinert allgemein gerne – mit solchen »Koseformen« wertet er seine Gewohnheiten oder andere Dinge, die er schätzt, liebevoll auf. Zu den verkleinerten Objekten oder Handlungen hat der Niederländer nämlich eine besonders innige Beziehung.

Ein Kekschen im Sonnenscheinchen: Verkleinerungsformen

Verkleinerungsformen von Substantiven begegnet man im Niederländischen sehr häufig. Damit wird aber nicht unbedingt eine tatsächliche Verkleinerung ausgedrückt – der Niederländer benutzt diese Form eher als Koseform für einen Gegenstand, ein Objekt, ein Tier oder eine Handlung, die als besonders nett, angenehm oder gemütlich empfunden wird, kurzum: für etwas, das ganz besonders gemocht wird (nur selten schwingt in den niederländischen Verkleinerungen Ironie oder Ablehnung mit). Wer sitzt nicht gerne *in het zonnetje* (im Sonnenscheinchen), isst ein *koekje* (Kekschen) oder trinkt ein *biertje* (Bierchen)?

Die niederländischen Verkleinerungsformen erkennt man meistens an der Endung »-je«. Weitere Verkleinerungsendungen sind: »-tje«, »-kje«, »-pje«, »-etje«. Somit wird aus *kop* (Tasse) *kopje,* aus *hond* (Hund) wird *hondje,* aus *huis* (Haus) wird *huisje* oder aus *jongen* (Junge) *jongetje* usw. Einige Wörter gibt es übrigens nur in der Verkleinerungsform, z.B. *meisje* (Mädchen), *toetje* (Dessert) oder *sprookje* (Märchen).

8 Luftküsse in Amsterdam
Begrüßung leicht gemacht

Zwei Tage sind vergangen. Anne spaziert, ihr Skizzenbuch unter den Arm geklemmt, mit munterem Schritt die Egelantiersgracht entlang. Bevor in wenigen Stunden Jeroen bei ihr klingelt, um mit ihr zu *lunchen,* wie er es ausgedrückt hat, möchte sie noch ein paar Eindrücke einfangen. Eigentlich ist das in den letzen zwei Tagen, seit Jeroen sie hier zu ihrer kleinen Dachgeschosswohnung gebracht hat, ihre Hauptbeschäftigung gewesen.

Anne bleibt stehen, lehnt sich an eine alte, unbesetzte Bank und blättert durch das Skizzenbuch. Nach der Limburger Landschaft, dem niederländischen Löwen, den sie nachträglich noch mit Aquarellfarben koloriert hat, und dem schönen Kirchenportal aus Maastricht folgen viele verschiedene Skizzen – ein Porträt von Jeroen mit seiner energischen Stirn, einige Hafenkräne, die sie im Vorbeifahren erspäht hat, und natürlich Eindrücke aus ihrer Straße im Viertel Jordaan mitten im Zentrum der Stadt: schmale Häuser, unterschiedlich gebaute und reich verzierte Giebel. Wie gut hat es ihr gleich gefallen, als sie am ersten Morgen aus der Tür getreten ist. Das ist Amsterdam, wie sie es sich vorgestellt hat! Ein Kanal, viele kleine Boote und vor allem: Haus an Haus, eines schöner als das nächste, alt, verwinkelt, bunt, mit den typischen Aufzugbalken am Dachfirst, daneben Fahrräder, Straßenlaternen und Bäume, deren junge Blätter so saftig grün leuchten, wie es nur im Frühling möglich ist.

Frühling in Amsterdam! Anne dreht sich einmal um sich selbst, dann hält sie inne: Da ist es, auf dieser Brücke über der Egelantiersgracht hat sie gestern gestanden und den Blick genossen. Hier will sie sich hinsetzen und ein Aquarell anfertigen.

Anne beugt sich konzentriert über ihre Skizze. Es ist eine ziemliche Herausforderung, diesen Blick auf die Gracht richtig zu erfassen und dabei auch die zahlreichen Boote im Wasser, die vielen geparkten Autos und Fahrräder am Rand der Gracht, die unzähligen Bäume und die schönen bunten Häuserreihen dahinter zu treffen. Wahrscheinlich wird sie mehrere Anläufe unternehmen müssen, um zu einem Ergebnis zu kommen, mit dem sie zufrieden ist. Vielleicht geht sie ja mit einer ihrer Kunstakademieveranstaltungen auch zu den Grachten, um die Gebäude und Straßenzüge von Amsterdam zu zeichnen? Noch knapp eine Woche, dann beginnen für sie die Kurse!

Anne richtet sich auf, stützt ihre Hände auf das raue Eisengeländer der Grachtenbrücke und prüft noch einmal den linken Rand des Kanals. Stimmt die Perspektive? Die Häuserreihe mit den Giebeln und Lastenaufzügen sieht ziemlich schief aus. Sie kneift die Augen zusammen, schaut mit prüfendem Blick auf ihr Blatt und wieder nach oben. Nicht nur auf dem Blatt, auch in Wirklichkeit sind die Häuser schief. In diesem Moment entdeckt sie zwischen den Bäumen eine winkende Hand. Jeroen? Schnell packt sie Stifte, Radiergummi und die anderen Zeichenutensilien ein, als Jeroen auch schon am anderen Ende der Brücke erscheint.

Schmal, hoch und ziemlich schief: Architektur in Amsterdam

Im Zentrum von Amsterdam stehen an den Grachten viele alte und oft individuell gestaltete Häuser. Die meisten dieser Häuser sind sehr schmal, dafür aber recht hoch, über vier Etagen gebaut und besitzen typischerweise einen Giebel. Die auffallend schmale Bauweise der Häuser rührt daher, dass in der Geschichte der Stadt die Steuern für die Gebäude nach der Breite der zur Gracht zeigenden Häuserfront bemessen wurden. Die Folge: schmale Treppenaufgänge in den Häusern, was den Transport von sperrigen Gegenständen oder Möbeln durch das Haus unmöglich machte. Deshalb kann man noch heute die typischen Aufzugbalken *(hijsbalken)* mit Flaschenzügen an den Dachfirsten besichtigen – die Gegenstände wurden einfach außerhalb der Häuser nach oben befördert.

Aus diesem Grund sind viele Häuser in der Amsterdamer Innenstadt auch leicht schief gebaut, d.h., sie neigen sich etwas nach vorne. So wurde vermieden, dass Lasten Schäden an den Häuserfassaden verursachen. Nach rechts oder links geneigte Häuser sind dagegen nicht gewollt, sondern eine Folge nachgebender Fundamente – die Holzpfähle, die die Häuser stabilisieren, vermodern.

Eine weitere Besonderheit der alten Amsterdamer Häuser sind die verschiedenen, teilweise reich verzierten Giebel, die es in vier verschiedenen Ausführungen gibt: als schlichte, umgekehrten Trichtern ähnelnde Schnabelgiebel, als Stufengiebel, die wie eine Treppe von beiden Seiten zum Dachfirst hinaufführen, als Glockengiebel mit schwungvollen Dachbögen und als klassische, rechtwinkelige Halsgiebel.

»*Hoi Anne*«, ruft Jeroen munter und schwenkt einen Papierbeutel, »ich war schon bei dir, aber du hast nicht aufgemacht. Ich hab mir schon fast gedacht, dass du dich irgendwo draußen rumtreibst.«

Dann steht er vor ihr, lächelt breit und beugt seinen Kopf zu Annes rechter Seite herab. Anne hört ein Schmatzgeräusch, dann beugt er sich zu ihrer anderen Seite, es schmatzt noch einmal – in diesem Moment dreht Anne ihren Kopf und stößt an sein Gesicht, und ein dicker Kuss landet halb auf ihrem Auge, halb auf ihrer Nase.

»Oh, hallo«, sagt sie, versucht ein Lächeln, merkt, dass sie errötet und tritt einen Schritt zurück.

Jeroen lächelt belustigt.

Was ist da schiefgelaufen?

Wer in fremde Länder reist, tut gut daran, nicht nur die wichtigsten Begrüßungsfloskeln dieser Länder zu kennen, sondern auch zu wissen, wie man sich durch Gesten begrüßt und verabschiedet. Anne scheint sich hier nicht kundig gemacht zu haben, weshalb ihr das kleine Missgeschick mit Jeroen passiert ist. Sie ging zwar richtigerweise davon aus, dass die Niederländer wie die Deutschen auch Händedrücker sind, sich also die Hand geben, und das insbesondere bei Business-treffen. Anne wusste aber nicht, dass im privaten Bereich das Händegeben in der Regel von Begrüßungsküssen abgelöst wird, sobald man sich ein zweites Mal trifft.

Wie in anderen Ländern auch, sind die niederländischen Begrüßungsküsse keine richtigen Küsse auf die Wangen oder gar auf den Mund, sondern es sind Luftküsse. Die Küsse werden also nur links und rechts neben die Wangen des Gegenübers in die Luft gehaucht.

Missverständnisse gibt es für Nicht-Einheimische bei der richtigen Anzahl der Wangen- bzw. Luftküsse. Wenn in Deutschland in die Luft geküsst wird, dann meistens zweimal, einmal rechts, einmal links. In den Niederlanden wird jedoch – ähnlich wie in einigen Regionen Frankreichs – bei der Begrüßung und beim Abschied immer ein dritter Kuss in die Luft geschickt und zwar meist in der Reihenfolge links, rechts und noch mal links.

So ist's *oranje*

Wenn Anne während ihres Niederlande-Aufenthalts eine Person ein zweites Mal trifft, sollte sie sich darauf gefasst machen, dass das Händeschütteln nicht mehr ausreicht, sondern ein Begrüßungskuss auf dem Programm steht.

Ein echt niederländischer Begrüßungskuss unterscheidet sich – bis auf die Anzahl und Reihenfolge – nicht völlig von den Begrüßungsküssen in Deutschland. Anne sollte jedoch auf einige Besonderheiten achten: In den Niederlanden wird, da sich eben nicht nur besonders vertraute Personen auf diese Art begrüßen, beim Küssen zur Begrüßung meist respektvoll Abstand gehalten. Zu große Nähe, etwa durch eine zusätzliche Umarmung, ist hier fehl am Platz.

Anders als in anderen Ländern wird beim Begrüßungskuss nicht nur eine Bewegung zur Wange des anderen angedeutet, sondern die Wange des Gegenübers tatsächlich berührt. Während dieser drei Berührungen wird mit den Lippen je ein Küsschen in die Luft geworfen. Dass bei diesen *luchtzoenen* (Luftküssen) oder einfach *zoenen* (Küssen) ein gewisses Schmatzgeräusch entsteht, ist übrigens – anders als zum Beispiel in Frankreich – durchaus gewollt.

Wörterbüchlein: Begrüßung und Verabschiedung

Deutsch	Niederländisch
Guten Morgen!	*Goedemorgen!* (ca. zwischen 6 und 12 Uhr)
Guten Tag!	*Goedendag!, Goedemiddag!* (zwischen 12 und 18 Uhr)
Guten Abend!	*Goedenavond!* (nach 18 Uhr)
Gute Nacht!	*Goedenacht!*
Hallo!	*Hallo/Hoi!* (informell)
Guten Tag!	*Dag!* (informell)
Wie geht's?	*Hoe is het?*
Auf Wiedersehen!, Bis bald!	*Tot ziens!*
Tschüss!	*Doei!* (informell)

9 Keine Umstände!

Mittagessen im Käseland

Nach einigem Rütteln am Türschloss gelingt es Anne, die grün angemalte Eingangstür zu ihrem Haus aufzuschließen,
während Jeroen geduldig neben ihr wartet.
Annes Verlegenheit wegen des verpatzten Begrüßungskusses
ist nun verflogen – kein Wunder: Jeroen hat auf dem Weg
von der Grachtenbrücke bis zu ihrem Haus einen Scherz
nach dem anderen gemacht. Nebenbei hat er Anne vor dem
Tritt in einen Hundehaufen bewahrt und ihr erklärt, in Amsterdam müsse man die Augen, was das betrifft, wirklich offen
halten.

»Er ligt weer poep op de stoep« (Es liegen wieder Hundehaufen auf dem Bürgersteig), hat er vor sich hin gemurmelt und
das Scherzen einen Moment lang vergessen.

Jetzt stehen beide vor einer langen, schmalen Treppe.
»Nach dir«, sagt Anne, macht eine höfliche Handbewegung
und blickt nach oben. In den vergangenen zwei Tagen hat sie
zwar schon ein bisschen geübt, wie man diese unglaublich
steile, enge und knarrende Treppe hinaufkommt. Aber die
Stufen, auf denen noch nicht einmal ihre relativ kleinen Füße
ausreichend Platz finden, machen ihr noch immer zu schaffen. Lieber geht sie hinter Jeroen!

Schmale Häuser, steile Treppen

Typisch für Amsterdam, aber auch für die gesamten Niederlande, sind die Treppen: Nicht nur, aber ganz besonders häufig findet man die typisch niederländische *trap* in älteren Häusern: Sie ist steil, schmal, sieht nicht selten aus wie eine Leiter – und muss auch so bestiegen werden. Grund für diese Bauweise ist der begrenzte Platz, der in den niederländischen Städten zur Verfügung steht. Deshalb baute man hier schon immer weniger in die Breite als in die Höhe; auch heute noch wird in den Niederlanden mit seinen extrem hohen Grundstückspreisen kleiner und enger gebaut, als z.B. in Deutschland – jeder Zentimeter wird genutzt, breite, bequeme Treppen gelten hingegen als nicht so wichtig.

Neben der *trap* hängt übrigens oft ein dünnes Seil oder Tau. Aber Achtung: nicht als Handlauf oder Haltegriff verwenden! Das Tau ist nämlich mit der Tür verbunden und dient einzig und allein dazu, dass die Bewohner des Hauses die Eingangstür von oben öffnen können, ohne die Treppe hinunterzusteigen. Einmal während des Treppensteigens am Tau zu ziehen bedeutet, dass man gleich wieder hinunterklettern muss: Die Haustür steht jetzt offen und muss wieder geschlossen werden.

Geschafft! Oben angekommen öffnet Anne die Eingangstür zu ihrer Dachgeschosswohnung.

»Komm rein!« Sie wirft ihre Tasche in die Ecke neben der Tür und geht voran. Vom winzig kleinen Eingangsbereich gehen zwei Türen ab: eine weiße und eine blaue, die zum Mini-Bad führt. Anne öffnet die weiße Tür, und schon stehen sie im einzigen, etwas stickigen Zimmer der Wohnung, das alles in einem ist: Wohnzimmer, Schlafzimmer, Arbeitszimmer und sogar Küche. Anne gefällt der Raum: Er ist zwar sparsam, aber trotzdem stilvoll eingerichtet – mit einem schönen Holzschrank auf der einen Seite, einem gemütlichen Bett mit bunter Tagesdecke in einer kleinen Nische auf der anderen Seite und einem alten Holzschreibtisch vor dem Dachfenster. Rechts daneben, in einem kleinen Erker, befindet sich die winzige Küche mit einem Tisch und zwei Stühlen.

»Setz dich«, sagt Anne zu Jeroen und deutet, während sie ein Dachfenster öffnet, auf einen der Stühle. »Das Essen geht ganz schnell.«

Sie öffnet Schubladen, Kühlschrank und Küchenschrank und legt nacheinander zwei Kochtöpfe, ein Nudelsieb, Besteck, Gläser, Olivenöl, Spaghetti, Tomatenmark, Salz und schließlich einen kleinen Beutel mit Hackfleisch auf den Tisch. Dann füllt sie Wasser in den größeren Topf, dreht die Herdplatte auf und will gerade etwas Öl in den anderen Topf füllen, da ruft Jeroen: »*Stop!* Was machst du?«

»Spaghetti Bolognese«, antwortet Anne ein bisschen stolz. Sie ist extra morgens noch zum nächstgelegenen Supermarkt in der Westerstraat gelaufen, um alles einzukaufen. Schließlich hat Jeroen ihr mit so vielen Dingen geholfen, da will sie zumindest ein halbwegs vernünftiges Mittagessen auf den Tisch bringen.

»Warum machst du das?« Jeroen streicht sich seine blonden Haare aus der Stirn und schaut Anne mehr entgeistert als begeistert an: »Das dauert doch viel zu lange! Außerdem habe ich Käsebrötchen mitgebracht! Sieh mal! – Das ist *lekker* und spart Zeit!«

Jeroen öffnet den Papierbeutel, den er die ganze Zeit mit sich herumgetragen hat und legt beglückt vier Brötchen – zwei mit hellgelbem und zwei mit dunkelgelbem Käse belegt – auf den Tisch. Dann strahlt er Anne an und fragt: »Hast du vielleicht ein Glas Milch?«

Anne nickt zaghaft, während sie zum Kühlschrank geht und eine Tüte Milch herausholt. Was hat sie bloß falsch gemacht? Mag Jeroen keine Spaghetti? Kennen die Niederländer dieses Gericht vielleicht überhaupt nicht? Oder liegt es am Hackfleisch? Ist Jeroen Vegetarier?

Was ist da schiefgelaufen?

In Deutschland ist es üblich, um die Mittagszeit eine warme Mahlzeit einzunehmen. Daran hat auch die Tatsache nichts geändert, dass seit einigen Jahren Ganztagsschulen auf dem Vormarsch sind und das klassische Familienmodell, bei dem die Hausfrau ihre Kinder mittags mit einem warmen Essen erwartet, immer seltener gelebt wird: In Deutschland wird mittags warm gegessen – entweder zu Hause, in der Kantine oder in der Mensa.

Als typischer Niederländer kennt Jeroen diese deutsche Tradition eines üppigen, warmen Mittagessens nicht, denn in niederländischen Familien wird traditionell am frühen Abend, das heißt gegen 18 Uhr, wenn die ganze Familie versammelt ist, die warme Hauptmahlzeit eingenommen. Am liebsten kochen die Niederländer dann Gemüse, Kartoffeln, Fleisch oder Fisch und reichen dazu Salat; manchmal wird aber auch exotisch gekocht, etwa indisch, chinesisch oder surinamisch (siehe Kapitel 23: »Manschen erlaubt«, S. 162).

Jeroen war somit nicht unfreundlich, als er Annes mittägliche Kochkünste verschmäht hat, sondern hat aus seiner Gewohnheit heraus gehandelt: Er ist als Niederländer an eine leichte Mittagsmahlzeit, einen *lunch,* gewöhnt. Ein solcher *lunch* besteht in der Regel aus belegten Broten, etwas Obst und Milch, in der kalten Jahreszeit auch gerne aus einer heißen Erbsensuppe (*snert* bzw. *erwtensoep*). Auch bei Geschäftsessen oder Empfängen um die Mittagszeit wird kein ausgefallenes Drei-Gänge-Menü serviert – denn eine solche Mahlzeit macht müde, lenkt ab und kostet Zeit.

Begründet ist diese niederländische Tradition eines leichten, schnellen *lunch* auch darin, dass sich das niederländische Schulsystem vom deutschen grundlegend unterscheidet: Zum einen werden die Kinder schon mit vier, spätestens mit fünf Jahren eingeschult, zum anderen beginnt der Unterricht erst um halb neun und endet am Nachmittag. Viele Kinder gehen zwar in der Mittagspause nach Hause und stärken sich mit einigen *broodjes* (Sandwiches). Für ein üppiges und zeitaufwendiges Mittagsmahl reicht die Zeit jedoch nicht aus.

Das Schulsystem in den Niederlanden

Das niederländische Bildungssystem unterscheidet sich – neben der früheren Einschulung mit vier oder fünf Jahren und den unterschiedlichen Unterrichtszeiten – auch in anderer Hinsicht vom deutschen: Die niederländischen Kinder besuchen von der Einschulung bis zum zwölften Lebensjahr die sogenannte *basisschool*. Erst dann wird mithilfe eines zentralen Tests entschieden, welche weitere Schullaufbahn das Kind einschlägt.

Zur Auswahl stehen drei Bildungseinrichtungen, die alle mit der sogenannten *brugklas* (Übergangsklasse) beginnen und sich dann aufteilen in

- Einrichtungen der voruniversitären Bildung, genannt VWO *(Voorbereidend Wetenschappelijk Onderwijs)*, mit einer Dauer von sechs Schuljahren,

- Einrichtungen der allgemeinen Sekundarbildung, genannt HAVO *(Hoger Algemeen Voortgezet Onderwijs)*, mit einer Dauer von fünf Schuljahren sowie

- Einrichtungen der berufsbildenden Sekundarerziehung, genannt VMBO *(Voorbereidend Middelbaar Beroepsonderwijs)*, mit einer Dauer von vier Schuljahren.

Für alle drei Einrichtungen gibt es spezielle Schulen, aber es gibt auch Schulgemeinschaften, die alle drei Einrichtungen unter einem Dach versammeln.

Die meisten Schulen sind staatliche bzw. öffentliche *(openbaar)* Schulen ohne religiöse oder ideelle Ausrichtung. Es gibt aber auch eine Vielzahl von Privatschulen, und zwar wesentlich mehr als in Deutschland. Diese werden vom Staat finanziert und beaufsichtigt, präsentieren sich jedoch mit protestantischer, katholischer, islamischer oder sogar hinduistischer Ausrichtung.

So ist's *oranje*

Anne wird die Vorteile der typisch niederländischen Mittagsmahlzeit schnell kennenlernen: Durch den unaufwendigen, leichten *lunch* bleibt Zeit für anderes.

Übrigens muss Anne in Zukunft ihren *lunch* nicht immer zu Hause einnehmen oder sich morgens ein Käsebrot schmieren, denn sie wird bald entdecken, dass es in Amsterdam wie in allen anderen niederländischen Städten auch zahlreiche Cafés gibt, in denen Berufstätige mittags ihre belegten Käsebrötchen zu sich nehmen und dazu Milch oder Kaffee trinken.

Natürlich findet Anne auch Restaurants, in denen sie mittags eine warme Mahlzeit bestellen kann. Oft öffnen die Betriebe jedoch erst gegen 18 Uhr. Und man sollte wissen, dass die Küchen meistens zwischen 21 und 22 Uhr bereits wieder schließen.

Ebenfalls gut zu wissen: Trinkgeld ist in der Restaurantrechnung inbegriffen – üblicherweise rundet man den Betrag jedoch zusätzlich auf.

Ein Schlaraffenland für Käsköppe

Das Land hinter den Deichen mit seinen saftigen grünen Wiesen ist dafür bekannt, große Mengen an *kaas* herzustellen, zu exportieren und auch selber zu essen – nämlich ungefähr 18 Kilo pro Kopf und Jahr. Eine Attraktion für Touristen sind die niederländischen Käsemärkte. So etwa der *kaasmarkt* von Alkmaar (Nordholland): Er findet seit 1622 von April bis September jeden Freitagvormittag statt und lockt jährlich 300.000 Schaulustige an: Hunderte goldgelbe Käselaibe liegen dann gestapelt auf dem Marktplatz, dazwischen die traditionell ganz weiß gekleideten Käseträger, die den Käse mit großen historischen Holzbahren über den Platz tragen.

Die bekanntesten Herstellungsorte für *kaas* (z.B. Gouda, Edam, Leerdam) liegen in den Provinzen Nord- und Südholland. Man kann also in den meisten Fällen mit Fug und Recht von »holländischem Käse« sprechen.

Anders als z.B. der französische Käse, der von Käseliebhabern als besonders würzig, raffiniert und delikat beschrieben wird, gilt der holländische Käse als bodenständig – und etwas langweilig. Käse aus Holland, der v.a. aus Kuhmilch hergestellt und zu Schnittkäse verarbeitet wird, ist aber vielfältiger und aromatischer, als vielfach angenommen.

Der Klassiker unter den holländischen Käsesorten ist der berühmte Gouda, den es in verschiedenen Variationen gibt: als jungen Gouda, der mild und etwas sahnig schmeckt und der mit seiner hellgelben Farbe und seiner weichen Konsistenz von vielen Kindern geliebt wird. Der mittelalte und alte – also länger gereifte – dunklere Gouda zeichnet sich durch einen zunehmend kräftigen, würzigen oder sogar scharfen Geschmack aus.

Neben dem Gouda sind die Niederlande für ihren Edamer, einen jungen Kuhmilchkäse, und für den Maas- und Leerdamer bekannt. Weniger bekannte Sorten sind der *friesekaas,* ein Kuhmilchkäse, der auch mit Kümmel gespickt sein kann und dann *kruidenkaas* genannt wird; daneben gibt es z.B. den Limburger Käse, den Amsterdamer, den Alkmaarer und viele mehr.

10 Geht schon klar!

Mit dem Fahrrad durch Amsterdam

Richtig knusprig sind die Brötchen, die Jeroen mitgebracht hat, zwar nicht, aber sie schmecken toll! Besonders der helle, etwas sahnige Käse ist *lekker*, denkt Anne und schaut zu Jeroen hinüber, der gerade sein Glas Milch mit unüberhörbar großen Schlucken austrinkt. Außerdem geht so ein *lunch* tatsächlich schnell. Vielleicht kann Jeroen ihr in der nun gesparten Zeit noch etwas von Amsterdam zeigen?

»Ich habe noch ein bisschen Zeit«, meint Jeroen, nachdem er den letzten Bissen heruntergeschluckt und sich einen Krümel von der Unterlippe gewischt hat. »Weißt du was, ich zeig dir einen guten Fahrradladen!«

Jeroen hat Anne schon vor zwei Tagen geraten, ein gebrauchtes Fahrrad zu kaufen, obwohl man in Amsterdam auch überall Fahrräder mieten kann. Aber ein gebrauchtes Rad könne Anne im nächsten Jahr einfach wieder bei dem gleichen Fahrradhändler abgeben. Und einen guten Fahrradhändler zu haben, hat Jeroen betont, ist für den Niederländer wichtiger als eine Bushaltestelle oder eine Apotheke um die Ecke. Ohne Fahrrad sei man in Amsterdam nämlich echt aufgeschmissen.

Kurze Zeit später steht Anne neben Jeroen vor einem kleinen Laden. »*Het adres voor uw 2dehands fietsen en reparaties*« (*Die Adresse für Gebrauchträder und Reparaturen*) steht in großen grünen Lettern an der Fensterscheibe. Vor dem Fenster, neben der Eingangstür und auf dem Bürgersteig stehen *fiets, fiets, fiets*. Als sie den Laden betreten, sieht Anne, dass auch innen drin jeder Winkel mit kleinen und großen Fahrrädern, mit Lenkern, Sätteln und anderen Fahrradteilen vollgestopft ist. Es riecht nach Maschinenöl und Gummi.

»*Hoi allemaal!*« (Hallo allerseits!), begrüßt sie eine hohe männliche Stimme. Aus einem Nebenraum tritt ein kleiner bärtiger Mann in grüner Arbeitsmontur. »Oh, Jeroen, du warst doch erst letzte Woche da. Ist etwas mit deinem *fiets?*«

»*Hoi Wim*«, antwortet Jeroen. »Nein, mit meinem Rad ist alles okay.« Und dann verwickelt er Wim in ein Gespräch über das neueste Modell der niederländischen Marke Gazelle. Wim begeistert sich anscheinend sehr für die neue Gazelle, während Jeroen fast ärgerlich darauf pocht, dass ein anderes Modell von Gazelle, das Tour Populair, das er besitzt, unübertroffen sei. Anne kann bald nicht mehr folgen. Sie sieht sich um: Lauter große schwere schwarze Fahrräder stehen um sie herum, alle mit einem riesigen Lenker und – wie sie feststellt – mit drei Gängen. Nur ein Rad, weiter hinten in der Ecke, ein weißes, scheint etwas besser zu sein. Anne sieht es sich genauer an. Ja, das Rad hat immerhin sieben Gänge.

Plötzlich bemerkt sie, dass es im Laden ganz still geworden ist. Sie dreht sich um – und schaut in zwei grinsende Gesichter.

»Das war ja klar«, meint Wim. »Das Rad hab ich vor zwei Wochen einer Deutschen abgekauft! Aber so ein Rad brauchst du hier nicht. Es ist nicht sehr bequem und in der Stadt benötigst du nicht mehr als drei Gänge!«

Wim schiebt ein Fahrrad in die Mitte des Ladens – ein großes schwarzes mit einem gemütlichen braunen Sattel, einem robusten Gepäckträger und einem geschwungenen Lenker, an dem eine knallrote Klingel befestigt ist.

Der beste Freund der Niederländer: das *fiets*

Die Niederländer und ihre *fietsen* sind ein Herz und eine Seele. Das *fiets* ist für sie nicht nur das wichtigste und – angesichts des flachen Landes – beste Mittel zur Fortbewegung, sondern so etwas wie eine Lebenseinstellung: Ohne ihr *fiets* sind Niederländer keine Niederländer! Überall gibt es Fahrräder, Fahrradwege, Fahrradläden und Fahrradparkplätze. In den Niederlanden gibt es angeblich mehr *fietsen* als Menschen – und auch wenn das vielleicht nicht ganz stimmt, so doch fast: Fast jeder der ca. 16,5 Millionen Einwohner besitzt ein Fahrrad und fährt auch damit. Selbst die Königsfamilie lässt sich manchmal beim *fietsen* blicken.

In Amsterdam werden fast 40 Prozent der Fortbewegung per *fiets* erledigt. Insgesamt 400 Kilometer Fahrradwege stehen im Stadtgebiet für die insgesamt 600.000 Fahrräder bzw. Radfahrer zur Verfügung!

Das typische *fiets* ist – wie könnte es anders sein – das in aller Welt bekannte »Hollandrad«: ein besonders robustes, bequemes, qualitativ hochwertiges, meist schwarzes Fahrrad mit hohem Sitz und hohem Lenker. Die aufrechte Sitzhaltung ist für Fahrten in der Stadt besonders gut geeignet, da man – anders als z.B. beim Rennrad oder Mountainbike – einen guten Blick auf den Verkehr hat; außerdem ermöglicht das integrierte Rahmenschloss ein schnelles und auch recht sicheres Abschließen des Fahrrads. Die meisten *fietsen,* die man in Amsterdam sieht, sind übrigens alt und gebraucht – zu groß ist das Risiko, dass einem das Gefährt doch einmal gestohlen wird (siehe Kapitel 13: »Verehrter Herr Professor«, S. 96).

Neben dem gewöhnlichen *stadsfiets* sieht man in Amsterdam auch das sogenannte *bakfiets:* klobige Fahrräder mit einer Holzkiste in verschiedenen Größen zwischen Lenker und Vorderrad. Darin transportiert der Niederländer gerne ein, zwei, drei Kinder oder andere größere Gegenstände, z.B. bei einem Umzug.

Anne steht mit ihrem neuen Fahrrad auf der Straße. Sie hat ein echtes Hollandrad gekauft – nach den Aussagen des Händlers das beste Stadtfahrrad, das es gibt: groß, schwer und unverwüstlich. Nachdem Jeroen wieder zu seiner Arbeitsstelle zurückgefahren ist – er arbeitet seit drei Wochen als Grafiker in Probezeit bei einem mittelgroßen Medienunternehmen in Amsterdam – schwingt sich Anne auf den Sattel und fährt los. Der frische Frühlingswind weht ihr um die Nase, die Sonne strahlt auf die Straße – herrlich.

Sie radelt die Prinsengracht in Richtung Süden entlang – neben vielen anderen, wahrscheinlich einheimischen Fahrradfahrern und einigen Autos. Mehrere Fußgänger überqueren die Straße, um zum Rand der Gracht zu gelangen: Hier stehen viele kleine Tische und laden zu einem *kopje koffie* ein.

In diesem Moment kracht es hinter ihr. »*Merde!*« Ein lauter entrüsteter Schrei tönt durch die Straße. Anne hält am rechten Straßenrand und dreht sich um. Ein Fahrradfahrer ist beinahe in eine Touristin – offensichtlich eine Französin – hineingefahren. Kein Wunder, denkt Anne und fährt weiter.

Nach einigen Minuten gelangt sie an eine Kreuzung. Der bunte Pulk Fahrradfahrer, in dem sie sich seit einer Weile befindet, teilt sich. Viele biegen rechts ab, aber die meisten fahren geradeaus weiter. Da Anne Richtung Süden und eventuell zum Museumsviertel fahren möchte, schließt sie sich den geradeaus fahrenden Fahrradfahrern an. Plötzlich – sie ist schon fast auf der Kreuzung – bemerkt sie, dass die Ampel auf Rot steht. Sie bremst erschrocken ab.

»*He!*« Sofort erklingt schrilles Fahrradklingeln. Verschiedene Flüche hageln auf Anne herunter: »*Godverdomme!*« – »*Potverdorie!*« (Verdammt noch mal! – Verflixt!)

Dicht an ihr rasen zwei Fahrräder vorbei – um ein Haar hätte es sie erwischt! Anne dreht sich um. Hinter ihr stehen drei Fahrradfahrer, die sie verärgert anschauen. »*Domme toeristen!*« (Blöde Touristen), flucht ein anderer Radfahrer von weiter hinten.

Was ist denn passiert? Sie hat doch gerade noch rechtzeitig gebremst, um nicht bei Rot mitten auf der Kreuzung zu landen. Und eigentlich hat sie doch sogar noch viel mehr getan: Durch ihre Umsicht hat sie verhindert, dass sich gleich mehrere Fahrradfahrer verkehrswidrig verhalten!

»Die Ampel stand auf Rot!«, ruft sie deshalb den anderen Fahrradfahrern zu, »ihr wärt sonst bei Rot über die Straße gefahren!«

»*Moet kunnen!*« (Muss möglich sein), antwortet der Fahrradfahrer, der ihr am nächsten ist, achselzuckend, bevor er wieder in die Pedale tritt und Anne ratlos zurücklässt.

Was ist da schiefgelaufen?

Anne dachte, sie hätte sich ganz korrekt verhalten: Sie hat angehalten, weil die Ampel auf Rot gesprungen ist, so wie sie es in Deutschland auch gemacht hätte. Trotzdem wurde sie von den Amsterdamer Radfahrern beschimpft, denn sie hat einen gravierenden Denkfehler gemacht: Sie ist nicht in Deutschland und sie *fietst* nicht in Deutschland. Neben ihr steht kein grimmiger deutscher Opa, der alle, die eine rote Ampel übersehen, böse anschaut und ermahnt (schlechtes Vorbild für die Kinder!). Nein – Anne ist in Amsterdam.

Sie sollte sich deshalb dringend mit den vier Grundregeln des Amsterdamer Fahrradverkehrs vertraut machen. Erstens: Ganz Amsterdam ist ein Fahrradweg. Zweitens: Radfahrer dürfen über Rot fahren, denn rote Ampeln gelten nur für Autos. Drittens: Touristen müssen warten oder werden aus dem Weg geklingelt. Viertens: Radfahrer dürfen auch sonst alles. Wenn Anne diese vier Regeln beherzigt und vielleicht sogar mal den einen oder anderen Touristen umfährt, wird sie bald erleben, wie ihr die einheimischen Fahrradfahrer anerkennende Blicke zuwerfen.

Spaß beiseite. Der niederländische oder besser: der Amsterdamer *fietser* verhält sich im Straßenverkehr zwar tatsächlich etwas undisziplinierter als der deutsche Fahrradfahrer – ein Rowdy ist er deshalb aber noch lange nicht. In seinen Augen gelten lediglich etwas andere Regeln, das heißt, er *fietst* mit einer etwas anderen Grundeinstellung.

Hintergrund ist eine ganz einfache Gleichung: Was dem Deutschen sein Auto, ist dem Niederländer sein *fiets* – und das schlägt sich im Straßenverkehr deutlich nieder. In

Deutschland hat insbesondere in Großstädten meist das Auto Vorfahrt. Fahrradfahrer leben da eher gefährlich und müssen sich mit kleinen Wegen begnügen oder sich die Straße mit dem PKW teilen. In den Niederlanden ist der *fietser* der König. Das Auto soll bitte schön warten – und tut dies auch. Schließlich sitzt in jedem Auto mit Sicherheit ein potenzieller Fahrradfahrer – warum sollte er sich selbst die Vorfahrt nehmen?

Rote Ampeln gelten somit auch in den Niederlanden – allerdings in erster Linie für Autofahrer, die die größte Gefahr im Straßenverkehr darstellen. Der *fietser* begegnet dem roten Licht etwas entspannter, so wie es der Niederländer allgemein etwas weniger eng mit Vorschriften und Regeln nimmt. Denn wenn kein Auto angerast kommt, warum soll er dann stehen bleiben? Hat er nicht einen eigenen Kopf zum Denken?

Die Antwort des Fahrradfahrers, dem Anne die Vorschrift »Bei Rot stehen, bei Grün gehen« erklären wollte, hat dies besonders gut verdeutlicht. Denn der Ausspruch »*Moet kunnen*« (bedeutet so viel wie: »Muss möglich sein« oder »Geht schon klar«) ist in den Niederlanden zum geflügelten Wort geworden und kommt immer dann zum Einsatz, wenn ausgedrückt werden soll, was Niederländer von zu engen Regeln, von unsinnigen Verboten, von zu viel Etikette, von eiserner Disziplin oder blindem Gehorsam halten: nichts.

So ist's *oranje*

Natürlich sollte sich Anne wie jeder andere Besucher der Niederlande auch beim Fahrradfahren nach den Regeln des

Straßenverkehrs richten – selbst wenn manch einheimischer Fahrradfahrer das nicht tut. Denn auch in den Niederlanden gilt generell: Bei Rot stehen bleiben! Rücksicht nehmen!

Ein paar Kniffe und Tricks helfen im Amsterdamer Fahrradverkehr allerdings weiter: Die vielen Touristen auf den Straßen bewegen sich in der Tat oft ungeschickt, denn sie betreten und überqueren oftmals Wege, ohne nach rechts oder links zu blicken – vermutlich rechnen sie einfach nicht mit dem regen Fahrradverkehr. Als fußläufiger Tourist sollte man diese Gefahr jedoch stets im Auge haben und immer darauf gefasst sein, dass von rechts, links, von hinten oder vorne ein oder mehrere Fahrradfahrer auftauchen können. Und als Tourist auf dem Fahrrad sollte man tatsächlich die Klingel am Lenker benutzten: Klingeln ist schließlich immer noch besser, als einen Unfall zu produzieren.

Da auf Amsterdams Radwegen und Straßen so viele Fahrräder unterwegs sind, gerät man als Fahrradfahrer oft in eine größere Gruppe, in einen regelrechten Pulk von Radfahrern. Um sich und die anderen Fahrradfahrer nicht zu gefährden, sollte man einige Vorsichtsmaßnahmen beachten:

- Keine Vollbremsungen hinlegen! Schon gar nicht mitten auf einem Radweg!
- Trotzdem auf Fußgänger achten!
- In der richtigen Geschwindigkeit fahren und sich den anderen Radfahrern anpassen!
- Nicht an jeder Ecke stehen bleiben!
- Wann immer möglich, die Radwege benutzen – auch wenn andere Fahrradfahrer das einmal nicht tun.
- Und *last but not least:* Das Fahrrad immer abschließen! (Siehe Kapitel 13: »Verehrter Herr Professor«, S. 96.)

Wenn man diese Regeln beachtet, hat man als Radfahrer die Chance, Amsterdam auf einmalige Weise zu erkunden – an Grachten entlang, über Brücken hinüber, vom Jordaan zum Museumsviertel und wieder zurück, durch den Vondelpark und wo immer man sonst noch hin will: Auf dem Fahrrad steht einem ganz Amsterdam offen!

Das Autofahren in der Innenstadt von Amsterdam sollte man als Tourist dagegen lieber vermeiden: Amsterdam ist voller Einbahnstraßen und das Parken ist nicht nur schwierig, sondern auch teuer. Falschparker erleben oft eine böse Überraschung, wenn sie zu ihrem Auto zurückkehren, denn Wegfahrsperren und Radkrallen werden schnell verteilt. Es empfiehlt sich daher, eines der etwas außerhalb liegenden preiswerten Park-and-Ride-Parkhäuser (P+R) zu nutzen. Mit den öffentlichen Verkehrsmitteln Bus, S-Bahn und U-Bahn kann dann bequem die Innenstadt erreicht werden; die Fahrkarten für Hin- und Rückfahrt sind übrigens meist im Parkticket enthalten.

Ein Getränk – ein Keks

Anne sitzt neben Jeroen auf dem Beifahrersitz und schaut zu ihrem Cousin hinüber, der pfeifend das Auto steuert – vor zwei Tagen hat er schon wieder plötzlich vor ihrer Tür gestanden, um sie zu fragen, ob sie am heutigen Samstag Zeit hätte.

»Tante Frida, bei der wir heute Nachmittag eingeladen sind, ist eigentlich keine richtige Tante«, sagt Jeroen. »Sie ist die Tante der Cousine meiner Mutter. Ich habe sie einmal gesehen, als ich ungefähr acht Jahre alt war – und danach nie wieder. Sie hat von deinem Besuch gehört und wollte dich gerne kennenlernen. Sie ist für ihre Neugier bekannt!«

Anne freut sich auf den Ausflug mit Jeroen. Denn weil Frida am Rand der Stadt Almere in der Provinz Flevoland wohnt, ist diese Fahrt mehr als ein Besuch. Jeroen hat vorgeschlagen, an diesem Samstag schon etwas früher, am späten Vormittag, loszufahren und eine kleine Rundfahrt zu machen: über den Afsluitdijk (den großen Abschlussdeich) hinüber nach Friesland, anschließend nach Flevoland und dann zurück nach Amsterdam. »Dann siehst du gleich mal ein bisschen was von den Niederlanden!«, meinte Jeroen. Anne hat dem Vorschlag begeistert zugestimmt.

»Ich glaube, wir haben heute Glück mit dem Wetter. Bei Nebel, starkem Regen oder Sturm über den Afsluitdijk zu fahren, kann nämlich ganz schön unheimlich werden.« Jeroen deutet mit der rechten Hand nach vorne: »Der Afsluitdijk ist über 30 Kilometer lang und führt uns quasi direkt über das Meer. Genieß den Ausblick! Links siehst du die Nordsee und rechts liegt das IJsselmeer – nur vom Deich getrennt.«

Mit einigem Tempo steuert Jeroen das Auto über die Autobahn Rijksweg 7, die über den Deich führt. Anne blickt aus dem Fenster: Auf der linken Seite sieht sie eine riesige, in der Vormittagssonne glitzernde Wasserfläche. Gerade will sie Jeroen fragen, ob das nun die Nordsee oder das IJsselmeer ist, da drosselt Jeroen das Tempo und parkt das Auto auf einem Parkplatz.

»Hier sind wir auf der Mitte des Deichs«, erklärt er ihr und zieht zwei Käsebrötchen sowie zwei Kakaoflaschen aus der Tasche. »Hier habe ich einmal Rast gemacht, vor ungefähr zwei Jahren, als ich mit dem Fahrrad über den Deich gefahren bin. Das war eine ganz schöne Quälerei! Ich musste gegen den starken Wind ankämpfen. Ständig kamen mir fröhliche Fahrradfahrer entgegen, die wegen Rückenwind kaum in die Pedale treten mussten. Ich war richtig sauer. Fast vier Stunden habe ich für die Überquerung gebraucht! Ein Stück musste ich sogar schieben. Seitdem fahre ich hier nur noch mit dem Auto lang. Oder mit dem Schiff. Ein Freund von mir, Bente, hat eine kleine Jolle am IJsselmeer liegen. Segelst du eigentlich auch?«

Der Afsluitdijk und das IJsselmeer

Früher gab es im Nordwesten der heutigen Niederlande eine flache Meeresbucht, die sich ca. 100 Kilometer ins Landesinnere erstreckte – die Zuiderzee (Südliche See). Aus Angst vor Sturmfluten einerseits und dem Wunsch nach Landgewinnung andererseits gab es schon im 17. Jahrhundert Pläne, große Teile der Zuiderzee abzuriegeln und einzupoldern, d.h. durch Deichbau und Entwässerung neues, unter dem Meeresspiegel liegendes Marschland zu gewinnen. Aber erst 1916, nach einer Flutkatastrophe, wurden die Planungen konkret. Mit Fertigstellung des 32 Kilometer langen Afsluitdijk im Jahr 1932 wurde die Zuiderzee vollständig vom Meer abgetrennt – ein großer Süßwassersee entstand: das IJsselmeer.

Anschließend wurden durch den Bau von weiteren Deichen und durch Abpumpen große Teile der ehemaligen Meeresbucht trockengelegt. So entstand nach dem Ende des Zweiten Weltkrieges nach und nach das riesige Gebiet der heutigen Provinz Flevoland, die sich mit ihrer Fläche von ca. 1.400 Quadratkilometern (Gesamtfläche mit Wasser: ca. 2.400 Quadratkilometer) fast vollständig auf dem ehemaligen Meeresboden der Zuiderzee befindet: Flevoland liegt durchschnittlich fünf Meter unter dem Meeresspiegel und besteht hauptsächlich aus Poldern, d.h. künstlich trocken gelegtem Boden: aus dem sogenannten Noordoostpolder mit den ehemaligen Inseln Urk und Schokland; aus dem östlichen Flevoland, das mit der Gesamtfläche von 540 Quadratkilometern den größten Polder darstellt; und aus dem südlichen Flevoland, das zwischen 1959 und 1968 mit einer dieselgetriebenen Pumpstation leer gepumpt wurde und das durch den Einsatz von motorbetriebenen Pumpen weiterhin »trocken« gehalten wird. In vorindustrieller Zeit erfolgte der Antrieb der Pumpen übrigens mit Windkraft (siehe Kapitel 21: »Land voller Frösche«, Infobox zu »Tulpen und Windmühlen«, S. 149).

Hauptstadt von Flevoland, das es offiziell seit dem 1. Januar 1986 gibt und das damit die zwölfte und jüngste Provinz der Niederlande ist, ist Lelystad. Größer und wirtschaftlich bedeutender ist jedoch die schnell wachsende Stadt Almere, die zum Einzugsgebiet von Amsterdam gehört.

Am Nachmittag, nach einer Fahrt entlang der Nordseeküste von Friesland und dann hinunter nach Flevoland, erreichen Jeroen und Anne das Haus von Tante Frida am Rand von Almere. Vor einer hübschen Reihenhaussiedlung aus rotem

Backstein mit kleinen, gepflegten Vorgärten parkt Jeroen das Auto und zeigt auf Haus Nummer sieben: »Da, wo die vielen Pflanzen im großen Fenster stehen, wo du direkt durch das Fenster hindurch auf den Hof sehen kannst, da wohnt Frida mit ihrer Freundin Edda.«

Anne schaut, während sie aus dem Auto steigt und mit Jeroen durch das Gartentor geht, etwas verwirrt auf das Haus. Außer dass an diesem Haus eine rote Sieben klebt, unterscheidet es sich eigentlich nicht von den anderen Häusern: Alle Häuser haben große Fenster, in allen Fenstern stehen Blumen und durch alle Fenster kann sie hineinsehen, meistens sogar hindurch bis in den Garten. Hinter einem Fenster sieht sie einen Mann an einem Tisch sitzen und lesen. Macht es ihm nichts aus, so beobachtet zu werden? Als der Mann hochsieht, schaut Anne schnell weg. Im nächsten Fenster spielen zwei Kinder mit Bausteinen; und hinter dem Fenster von Haus Nummer sieben sitzt eine rundliche, weißhaarige Frau, in einem riesigen Schaukelstuhl – und schläft. Das ist wohl Frida.

Und wie hoch ist eure Gardinensteuer?

Der ungenierte Blick in das Fenster einer Wohnung, der für Deutsche ungewohnt, ja sogar unangenehm ist, ist bei den Niederländern ganz alltäglich: Bei kleineren Häusern oder Reihenhäusern gibt es oft die sogenannte *doorzonwoning,* wörtlich übersetzt eine »durchsonnte Wohnung«. Hier durchmisst der Wohnbereich das gesamte Erdgeschoss und die Sonne kann durch die große, unverhüllte Fensterfront an der Straße durch das gesamte Haus ungehindert bis in den Garten hindurchscheinen – und der Fußgänger, der vorbeigeht, kann ganz frech hindurchsehen.

Dieser freizügige Blick ins Privatleben gibt und gab dem ausländischen Spaziergänger durchaus schon zu denken: Warum nur benutzt der Niederländer keine Gardinen?

Recht hartnäckig hielt sich im Ausland das Gerücht einer Gardinensteuer, wegen der die Niederländer auf Gardinen verzichten würden. Eine solche Steuer hat es jedoch nie gegeben. Eine andere Theorie geht vom calvinistischen Hintergrund der Niederländer aus: Als rechtschaffene, fromme Menschen hätten diese eben nichts zu verbergen. Etwas einleuchtender scheint die simpelste Erklärung zu sein: Es macht den Niederländern einfach nichts aus, denn sie sind es so gewohnt. Warum abschotten, wenn es auch offen geht? Es ist schließlich nett, in Kontakt mit den Mitmenschen zu stehen! Und ein kleiner *inkijk* (Einblick) hat doch noch niemandem geschadet. So kommt wenigstens keine Langeweile auf! Außerdem wird man nicht nur gesehen, man kann durch so ein großes Fenster auch richtig schön hinausgucken – und dem Nachbarn und anderen Menschen gemütlich vom Fernsehsessel aus zuwinken.

Wenig später hockt Anne auf einem Sessel im Wohnzimmer des kleinen Reihenhauses – gegenüber von Jeroen und Edda, einer zierlichen älteren Dame mit kurzem Haarschnitt. Tante Frida kommt mit einem Tablett, auf dem vier Kaffeetassen stehen, in den Raum.

»Ich habe eigentlich früher mit euch gerechnet, zum *lunch*, nicht zum *koffie*«, sagt sie. »Aber das macht nichts. Schön, euch zu sehen!« Dann stellt sie die Tassen auf ein kleines Tischchen, geht an den riesigen, dunkelbraunen Schrank in der Ecke des Zimmers, öffnet die Tür und nimmt eine rotweiß gestreifte Dose heraus. »*Koekje bij de koffie?*« (Ein Keskschen zum Kaffee?), fragt sie und lässt Anne und Jeroen in die Dose greifen.

Gerne! Anne wirft einen Blick in die Dose, und nach einigem Suchen nimmt sie sich, da sie Hunger hat, zwei besonders lecker aussehende Kekse, lehnt sich gemütlich im großen Sessel zurück und nippt an dem heißen Kaffee. Ach, köstlich! Hoffentlich gibt es später noch eine Kleinigkeit zu essen, denkt sie.

Nach der langen Fahrt plagt sie der Hunger – seit dem Käsebrötchen auf dem Deichparkplatz hat sie nichts mehr gegessen.

Jeroen, Frida und Edda beginnen eine Unterhaltung über Onkel Joost, der leider vor einigen Monaten, viel zu früh, erst 72-jährig, gestorben ist. Anne versucht mitzukommen, wirft hin und wieder etwas ein, doch schon bald kann sie den dreien nicht mehr folgen. Das liegt weniger am Niederländisch, das sie inzwischen ziemlich gut beherrscht, sondern vor allem am immer stärker werdenden Hungergefühl, das sich bei ihr breit macht. Anne nimmt sich zwei weitere Kekse aus der Dose, die auf dem Beistelltisch steht, dann noch einen und eine halbe Stunde später noch einmal zwei. Edda verfolgt den Weg jedes einzelnen Gebäckstücks in Annes Mund mit den Augen. Als Frida nach einer knappen Stunde sagt: »Wir essen gleich«, ist Anne erleichtert. Endlich!

Doch warum steht Jeroen auf? Er sieht Anne an und deutet mit dem Kopf Richtung Tür. Gibt er ihr etwa ein Zeichen, dass er gehen will?

»Ich hab noch Zeit, wegen mir müssen wir uns nicht hetzen«, sagt Anne und klopft auf den Sessel neben sich: »Setz dich doch wieder.«

»Nein danke.« Jeroen wedelt unmerklich, aber unmissverständlich mit der Hand: »Komm jetzt.«

»Nein, wirklich, ich bleibe gerne noch zum Essen«, wiederholt Anne, »du hast mir doch im Auto gesagt, wir könnten abends gemütlich zurückfahren.«

Doch bevor sie den Satz ganz beendet hat, gibt Jeroen schon Edda und Frida ein paar Luftküsschen, öffnet die Tür und geht hinaus – ohne Anne noch einmal anzublicken. Aber was ...? Schnell steht auch Anne auf, gibt Frida und Edda, die an der geöffneten Tür stehen, je zwei Küsschen und eilt Jeroen hinterher.

Was ist da schiefgelaufen?

Anne ist während des Besuchs bei Tante Frida gleich in zwei niederländische Fettnäpfchen getreten – in zwei ganz spezielle, für Ausländer wirklich etwas eigenartige Fettnäpfchen. Das erste Missgeschick ist unter Niederländern fast schon legendär, auch wenn es, wie einige Stimmen betonen, in der jüngeren Generation langsam verschwindet. Deshalb gilt vor allem für Besuche bei Niederländern der älteren Generation: Vorsicht, wenn zum Tee oder Kaffee ein Keks aus der *koekjestrommel* angeboten wird. Es wird *ein* Keks angeboten, nicht zwei oder drei, sondern genau ein Keks.

Es gilt nämlich als ausgesprochen unhöflich, ja gierig, sich statt eines Kekses gleich zwei zu nehmen. Und wenn schon, dann bitte nicht in der Dose wühlen oder später, wie Anne, einfach noch einmal in die Keksdose greifen, ohne dass sie einem erneut angeboten wurde – das gilt in den Niederlanden als schlechtes Benehmen.

Das zweite Fettnäpfchen, in das Anne hineingerasselt ist, hat nicht lange auf sich warten lassen und hängt ebenfalls mit dem Thema Essen zusammen: Als Tante Frida bemerkte: »Wir essen jetzt«, wollte sie nicht ankündigen, dass jetzt alle, also Frida, Edda, Jeroen und Anne, zusammen essen würden – im Gegenteil. Es war die diskrete, aber trotzdem sehr eindeutige Aufforderung an die Gäste, zu gehen. Der Satz hieß so viel wie: Die Kaffeestunde ist vorbei, wir wollen jetzt gerne in Ruhe zu Abend essen.

So ist's *oranje*

Für spätere Einladungen muss sich Anne merken: Mit der niederländischen Keksdose ist es ein bisschen vertrackt. Zwar nimmt es die jüngere Generation der Niederländer mit dem *einen* Keks nicht mehr ganz so genau, doch es besteht ein großer Unterschied zum deutschen Plätzchenteller, von dem man sich ungeniert nehmen kann.

Die weitere Lektion, die Anne gelernt hat, wird sie auch nicht vergessen: Wer zum nachmittäglichen Tee oder Kaffee eingeladen ist, sollte sich spätestens dann verabschieden, wenn der Duft von saftigem Braten durchs Haus zieht und der Gastgeber signalisiert, dass das Essen bald fertig ist. Der frühe Abend ist für Niederländer die Zeit des gemeinsamen warmen Essens, jetzt versammelt sich die ganze Familie um den Tisch. Für Gäste ist es nun an der Zeit, zu gehen (siehe Kapitel 18: »Mordshunger«, S. 129). Ähnliches gilt übrigens auch für die Einladung zum Kaffee am Vormittag: Auch hier sollte man sich nach der zweiten Tasse verabschieden – es sei denn, der Gastgeber fordert explizit zum Bleiben auf.

Aus diesen Gepflogenheiten folgt nicht, dass die Niederländer schlechte Gastgeber sind – im Gegenteil: Gastfreundschaft wird hier groß geschrieben, nur gibt es eben Regeln für Einladungen und Gastbesuche. Als unhöflich gilt es also, sich selbst an Essen und Getränken zu bedienen, zu lange zu bleiben oder sogar unangemeldete Überraschungsbesuche abzustatten. Eine kurze Absprache, ein schneller Anruf, ob es gerade passt, ist selbst bei Verwandten oder Freunden üblich.

12 Oranje oben

Der Tag der Königin

Bum! Bum! Bum!

Anne richtet sich verwirrt in ihrem Bett auf und sieht nach ihrem Radiowecker: Auf dem Display leuchten das Datum und die Uhrzeit: 30. April, 9:17 Uhr.

Bum! Bum! Bum!

Schon wieder! Was ist das? Sie läuft zu ihrem Küchenfenster, aber das einzige, was sie sieht, sind die grünen Baumkronen des Innenhofs, die der Wind sanft bewegt.

Bum! Bum! Bum!

Vielleicht kann sie aus dem Badezimmerfenster etwas sehen? Anne stellt sich auf die Zehenspitzen. Nein, hier hat sie zwar einen Blick hin zur Straße, doch sie wohnt einfach zu weit oben.

Moment. Durch die Bäume hindurch kann sie ein paar orangefarbene Fähnchen an den Häusern auf der anderen Seite der Gracht erkennen. Die waren doch gestern noch nicht da? Oder doch?

Hat sie nicht schon gestern beobachtet, dass einige Menschen mit orangefarbenen Tüchern und Fahnen die Häuser schmücken?

Jedenfalls ist auf der Straße irgendetwas los. Am besten, denkt Anne, während sie sich Jeans und Pulli überzieht, gehe ich jetzt nach draußen. Ich wollte ja ohnehin zum Supermarkt laufen, Kaffee, Brot und *hagelslag* kaufen.

»*Pardon!*« Anne hat gerade die Haustür geöffnet und ist fast mit einem riesigen Kontrabass zusammengestoßen. »Langsam, langsam, liebe Dame«, raunt ihr eine Stimme zu. Hinter dem Kontrabass kommt ein leicht geröteter Kopf mit kleinen hellblauen Augen zum Vorschein. Verwundert schlängelt sich Anne an dem Musikanten vorbei und tritt auf den Bürgersteig. Was ist denn hier los?

Auf der ganzen Straße sind kleine und große Tische aufgestellt, die gerade geschmückt oder mit Büchern, Schuhen, Kerzenständern, Schüsseln, Kleidungsstücken, alten Spielen, Schallplatten, Körben, kleinen Spiegeln, Tassen und anderem Krimskrams beladen werden. Überall sieht Anne Frauen, Männer, Kinder, die orangefarbene Kleidung tragen, orangefarbene Hüte, Perücken, Tücher. Auch die Boote auf der Egelantiersgracht sind mit orangefarbenen Wimpeln und Girlanden behängt. Auf einem Ruderboot steht eine Frau mit einem orangefarbenen Akkordeon. Der köstliche, süßlich-herbe Duft leckerer Speisen liegt über allem.

Bum! Bum! Bum!

Wieder dieses Geräusch! Anne dreht sich um: Es scheint aus der Westerstraat zu kommen. Und tatsächlich: Als sie um die Ecke biegt, sieht Anne eine riesige Bühne, auf der die Tontechniker gerade einen Soundcheck vornehmen.

»*Hey Anne!*«

Anne dreht sich um. Die helle Stimme kommt aus einer Gruppe junger Leute, die an einem der großen Biertische vor der Bühne sitzen. Ach, da ist ja Emma, die sympathische englische Austauschstudentin, die im gleichen Haus wohnt wie sie! Emma hat ein knallorangenes Kleid an und viele kleine orangefarbene Blüten in ihr rotes Haar gesteckt. Sie winkt

Anne zu. »*Sit down!*« Anne wühlt sich durch die schnell dichter werdende Menschenmenge, bis sie vor Emma steht. »*Sit down! Have a cake!*«

Auf dem Tisch stehen verschiedene Pappteller mit Keksen und Kuchen – alle orange! »*Here, tompouce!*« Emma schiebt Anne lächelnd ein orangefarbenes Stück Kuchen zu. »*Lekker!*«

Probier mal: *Tompouce*

Tompouce oder *tompoes* ist eine Leckerei aus Blätterteig, Creme und Zuckerguss, die von den Niederländern gerne zu nationalen Feiertagen oder zu Fußballspielen auf den Tisch gestellt wird – als Backwerk in *oranje*.

Zutaten (für 10 Stücke)

2 Pckg.	Blätterteig aus dem Kühlregal
½ l	Milch
80 g	Zucker
4	Eigelb
1	Vanilleschote
3–4 EL	Stärke
1 Prise	Salz
200 g	Puderzucker
	Wasser
	Lebensmittelfarbe in Orange

Zubereitung

Zunächst wird der Blätterteig in 20 gleich große Stücke geschnitten, auf einem mit Backpapier ausgelegten Backblech verteilt und bei 200 °C ca. 10–15 Min. knusprig gebacken. Anschließend gut abkühlen lassen.

In der Zwischenzeit einige Esslöffel kalte Milch mit den Eigelben, Zucker und der Stärke verrühren. Nun den Rest der Milch mit dem Mark der Vanilleschote und etwas Salz unter Rühren aufkochen, vom Herd nehmen und vorsichtig mit der Stärkemischung vermengen. Alles erneut aufkochen, eindicken lassen und danach zum Abkühlen beiseitestellen.

Währenddessen den Puderzucker mit einigen Wassertropfen und der orangefarbenen Lebensmittelfarbe zu einer zähen Masse glatt rühren. Hiermit 10 Blätterteigscheiben lasieren und trocknen lassen.

Die anderen 10 Teigscheiben mit der abgekühlten Puddingcreme bestreichen; anschließend die orangefarbenen Schnitten als Deckel oben aufsetzen und nach Belieben mit Sahne verzieren. *Smakelijk!*

»Hey! So geht's aber nicht!« Jemand haut Anne, die gerade in ihr süßes Stück *tompouce* beißt, ordentlich auf den Rücken. Anne prustet, ihr fällt vor Schreck ein Teil der Creme-Füllung auf den Tisch. Sie wendet sich zur Seite und schaut in ein paar grüne Augen. Ein Mädchen – von Kopf bis Fuß in *oranje* gehüllt – starrt Anne mit gerunzelter Stirn an und wiederholt: »Das geht doch nicht! So kannst du heute doch nicht rumlaufen!« Dann greift sie in ihre Umhängetasche, zieht eine leicht muffig riechende, orangefarbene Perücke hervor und setzt sie Anne auf den Kopf. »Das sieht schon besser aus! Ich leih sie dir!«

»Na ja«, meint Anne, die noch etwas verärgert wegen des heruntergefallenen Kuchens ist, *»bedankt!«* Zum Glück fällt ihr etwas Lustiges ein, sodass sie hoffentlich nicht ganz so wortkarg und langweilig wirkt: »Ihr Niederländer seid echt verrückt: Bei uns in Deutschland ist Orange die Farbe der Müllmänner. Aber besser als die Betonfrisur eurer Königin sieht die Perücke ja allemal aus!«

»Bitte was?« Das Mädchen, nein: alle um sie herum werfen Anne dermaßen entrüstete Blicke zu, dass ihr der letzte Rest des Kuchens im Hals stecken bleibt.

Was ist da schiefgelaufen?

Anne hat versucht, die Situation etwas aufzulockern, indem sie einen Scherz macht. Allerdings hat sie mit ihren wenig schmeichelhaften Worten über Königin Beatrix ziemlich danebengegriffen – das fanden die anwesenden Niederländer gar nicht witzig! Warum eigentlich? Fehlt es den Niederländern an Humor?

Nein – der Hintergrund ist ein anderer. Die Niederlande sind eine konstitutionelle Monarchie und haben ein parlamentarisches Regierungssystem mit zwei Kammern: der Ersten Kammer, die von den Provinzregierungen gewählt wird, und der Zweiten Kammer, die – vergleichbar dem deutschen Bundestag – im Vierjahresrhythmus von den Niederländern direkt gewählt wird. An der Spitze des kleinen Landes steht das Königshaus Oranien-Nassau mit Königin Beatrix Wilhelmina Armgard I. (geboren am 31. Januar 1938 in Baarn) als erster Repräsentantin. Ähnlich wie der deutsche Bundespräsident ernennt und entlässt sie Minister und unterzeichnet Gesetze.

Aufgrund der erblichen Thronfolge wird später ihr ältestes Kind, Willem-Alexander (geboren am 27. April 1967 in Utrecht), der seit 2001 mit der Argentinierin Máxima Zorreguieta verheiratet und Vater von drei Töchtern ist, den Thron besteigen. Eigentlich widerspricht diese erbliche Thronfolge dem egalitären Charakter und Denken des Landes zutiefst (siehe Kapitel 13: »Verehrter Herr Professor«, S. 96; Kapitel 14: »(K)Eine Frage der Höflichkeit«, S. 105): Warum sollte der Sohn einer Königin nur wegen seiner Herkunft begünstigter sein als ein Arbeiter- oder Bauernkind? Hat das noch etwas mit Chancengleichheit zu tun?

So liberal und egalitär die Niederländer auch sein mögen –
hier machen sie eine Ausnahme: Kritik an der Königin? Absolut
tabu! Offenheit und Pragmatismus? Während Politiker
und andere öffentliche Personen gut und gerne Spott und
Scherzen ausgesetzt werden, hört bei Königin Beatrix und
Co. der Spaß auf. Die Niederländer lieben ihre Monarchenfamilie
nun mal! Deshalb feiern sie ihre Königin enthusiastisch,
deshalb kleiden sie sich in *oranje* und verzieren auch sonst
alles in der Farbe des Königshauses: Häuser, Boote, Autos,
Lebensmittel – besonders aber sich selbst.

Anne ist deshalb in *das* niederländische Fettnäpfchen
schlechthin getreten. Sich über die Frisur der Königin lustig
machen, die Farbe *oranje* mit Müll assoziieren? Und das
am wichtigsten nationalen Feiertag, dem *Koninginnedag*? Der
Scherz ging gründlich daneben!

Gefeliciteerd, Beatrix!

Nicht wundern: Wer Ende April in die Niederlande reist, wird dort
sein blaues, nein: orangefarbenes Wunder erleben. Am 30. April
ist Königinnentag! An diesem Tag wird zu Ehren der niederländischen
Königin Beatrix eine riesengroße Geburtstagsparty gefeiert
– ganz besonders in Amsterdam.

Eigentlich beginnt das Fest schon am 29. April: Bereits jetzt werden
die Straßen geschmückt, und in der *Koninginnenacht* wird in
Clubs und Kneipen in den Tag hineingefeiert. Am 30. April steigt
aber die eigentliche Party: Die Menschen ziehen durch die Stadt,
besuchen Freiluftkonzerte, veranstalten Flohmärkte, spielen
oder beobachten Theater für Erwachsene oder Puppentheater
für Kinder, organisieren bunte Spiele, machen allerorts Musik,
tanzen, trinken und probieren an einem der unzähligen Imbiss-
stände kleine Köstlichkeiten oder deftige Snacks – kurz: man ist
gezellig, was das Zeug hält.

Das Wichtigste aber: Jeder trägt ein orangefarbenes Outfit: *oranje*
Hüte, Perücken, Hemden, Brillen, Federboas, Schuhe, Röcke usw. –

alles *oranje*. Warum eigentlich? Ganz einfach: Königin Beatrix I. ist Mitglied des Königshauses Oranien-Nassau, niederländisch: Oranje-Nassau – daher die Nationalfarbe *oranje*.

Moment: Königin Beatrix hat doch gar nicht am 30. April Geburtstag, sondern am 31. Januar! Richtig: Der *Koninginnedag* wurde erstmals am 31. August 1889 als »Prinzessinnentag« anlässlich des Geburtstags von Prinzessin Wilhelmina gefeiert, weil die Regierung einen Feiertag zur Bekräftigung der nationalen Einheit der Niederlande schaffen wollte. Später, als Prinzessin Juliana zur Königin gekrönt wurde, feierte man den *Koninginnedag* an ihrem Geburtstag, also am 30. April. Als Königin Beatrix im Jahr 1980 den Thron bestieg, entschied sie, diesen Tag im April als *Koninginnedag* und als Gedenktag an ihre Mutter beizubehalten. Außerdem: Wer möchte schon am 31. Januar, bei nasskaltem Wetter, ein Straßenfest feiern?

So ist's *oranje*

Wer am 30. April in den Niederlanden weilt, kann sich auf einen besonderen Tag freuen: Überall im Land finden Umzüge, Feste und Flohmärkte statt. Wer Glück hat, trifft auch auf die Königsfamilie, die jedes Jahr am *Koninginnedag* verschiedene, zuvor ausgewählte Dörfer und Städte besucht.

Vor allem Amsterdam ist am 30. April ein einziges Straßenfest. Mit einiger Vorbereitung und Kenntnis kann man hier einen unvergesslichen Tag erleben. Als Vorbereitung auf dieses Fest sollte man sich auf jeden Fall etwas Orangefarbenes zum Anziehen besorgen – das ist an diesem Tag einfach Pflicht! Und man sollte sich Witze oder Spott über das niederländische Königshaus wirklich verkneifen, denn heute hat der Niederländer sein *oranjegevoel* (Oraniengefühl), das heißt, er fühlt sich *oranje*, denkt *oranje* und is(s)t *oranje*.

So ausgestattet sollte man bei der Anreise nach Amsterdam, auch wenn der Straßenbahnverkehr im Grachtengürtel eingeschränkt ist, auf jeden Fall öffentliche Verkehrsmittel wählen, denn es wird voll in der Stadt, die an diesem Tag zu einer einzigen großen Bühne und in einen riesigen Flohmarkt verwandelt wird – den sogenannten *vrijmarkt:* Hier darf jeder, ob Privatmann oder professioneller Händler, ohne Genehmigung auf der Straße Ramsch, Kunst und Kitsch verkaufen. Viele Amsterdamer, sonstige Niederländer und auch manche Ausländer reservieren schon am Vorabend einen Platz auf dem Bürgersteig und verkaufen von sechs Uhr morgens bis abends um acht alles, was sich im Jahr zuvor an Hausrat angesammelt hat. Überall in den Straßen, vor Kneipen und auf Schiffen gibt es Livemusik, denn jeder darf mit seiner Geige, Flöte, Gitarre und so weiter musizieren – vorausgesetzt, es wird kein Verstärker benutzt. Offizielle, frei zugängliche Konzerte finden auf großen Bühnen, zum Beispiel auf dem Rembrandtplein, am Nieuwmarkt oder in der Westerstraat, statt; im Vondelpark gibt es meist Puppentheater für die Kinder.

Oranje boven!

Nicht nur am *Koninginnedag,* auch zu einer anderen Gelegenheit kramt der Niederländer seine orangefarbenen Fanartikel hervor. Dann heißt es wieder: »*Oranje boven!*« – und ganz Holland ist im Fußballfieber. Eigentlich ist der Ausruf »*Oranje boven*« der Name eines kleinen Volkslieds mit dem Text: »*Oranje boven, oranje boven! Leve de koningin!*« (Orange oben, Orange oben! Es lebe die Königin!) Er drückt aus, was am *Koninginnedag* überall sichtbar ist: Die enge Verbundenheit der Niederländer mit ihrem Königshaus.

Auch wenn es um Fußball geht, versteht der Niederländer keinen Spaß, v.a. nicht bei Spielen gegen Deutschland. Schließlich ist Deutschland in Sachen Fußball zum Erz- oder auch Lieblingsfeind geworden – seit dem Finale der Weltmeisterschaft 1974: Hier führte die *Oranje elftal* zwar bereits nach einem Elfmeter in der zweiten Spielminute, schlussendlich raubte die deutsche Elf

den oft spielbestimmenden Niederländern in ihren orangefarbenen Trikots jedoch den Sieg und wurde zum zweiten Mal nach
1954 Fußballweltmeister.

Auch für das leibliche Wohl ist am *Koninginnedag* gesorgt: Privatleute eröffnen für einen Tag kleine Pfannkuchenbä-ckereien, verkaufen selbstgebackene Kuchen oder schenken Kaffee und Tee aus. Natürlich sind an fast jeder Straßenecke auch professionelle Gastronomen zu finden – hier kann man niederländische Spezialitäten wie eine *frikandel,* eine Portion *friet speciaal,* eine *stroopwafel,* eine *kroket, bitterballen, poffert-jes* oder leckere Frühlingsrollen probieren, außerdem das eine oder andere alkoholische Getränk wie einen *oranje bitter,* ei-nen *oude jenever* oder *jonge jenever* oder ein heimisches Bier zu sich nehmen (zu niederländischen Imbissen und Getränken siehe Kapitel 16: »Essen aus der Wand«, S. 117; Kapitel 19: »Mordshunger«, S. 136).

Allerdings ist hier Vorsicht geboten: Da in den letzten Jah-ren der Alkoholkonsum beim *Koninginnedag* stark zugenom-men hat, findet nun eine stärkere Kontrolle des Alkoholaus-schanks statt. Mit mehr als einem alkoholischen Getränk in der Hand sollte man sich nicht blicken lassen. Das hat auch den Vorteil, dass man bis zum Abend durchhält und noch das große Feuerwerk bewundern kann. Es findet gegen 21:45 Uhr am Sloterplas statt.

Der *Prinsjesdag* in Den Haag

In den Niederlanden gibt es nicht nur den *Koninginnedag,* der ausgiebig gefeiert wird, sondern auch den sogenannten *Prinsjes-dag* (Prinzentag). Dieser Tag findet jedes Jahr am dritten Dienstag im September in Den Haag statt, dem Regierungssitz der Niederlande, und ist in der Verfassung verankert. Am *Prinsjesdag* wird das parlamentarische Sitzungsjahr eröffnet: Zunächst fährt das niederländische Staatsoberhaupt – Königin Beatrix I. – in einer goldenen Kutsche vom *Paleis Noordeinde,* ihrem offiziellen Amtssitz im Zentrum von Den Haag, zum *Ridderzaal* (Rittersaal), einem gotischen Gebäude mitten im mittelalterlichen *Binnenhof* (Innerer Hof), der mit seinen zahlreichen Regierungsgebäuden Zentrum des politischen Lebens der Niederlande ist.

Im *Ridderzaal* hält die Königin eine Thronrede, in der sie vor den Abgeordneten der Ersten und der Zweiten Kammer die wichtigsten Pläne und Zielsetzungen der Politik der niederländischen Regierung für das folgende Jahr verliest. Anschließend wird in einer Sitzung der Zweiten Kammer der Niederlande eine Debatte über den *rijksbegroting* (Staatshaushalt) geführt, denn kurz vorher hat der niederländische Finanzminister dem Parlamentspräsidenten den bis dahin geheim gehaltenen *miljoenennota* (Haushaltsplan) übergeben.

Der *Prinsjesdag* ist aber nicht nur ein politischer Tag, sondern auch ein Fest des Volkes: Tausende Niederländer nutzen die Gelegenheit, um einen Blick auf die Königsfamilie in ihrer goldenen Kutsche zu werfen! An diesem Tag zeigt sich Den Haag geschmückt und geputzt von seiner schönsten Seite – viele Niederländer kleiden sich festlich und setzen Hüte auf.

Warum der *Prinsjesdag* eigentlich so heißt? Schon im 18. Jahrhundert wurde ein »Prinzentag« gefeiert, nämlich der Geburtstag des damaligen Statthalters der Niederlande – Prinz Wilhelm V. von Oranien (1748–1806) – am 8. Mai. Zu diesem Zeitpunkt war der Tag allerdings noch kein politischer Tag, auch wenn vielfältige Loyalitätsbekundungen des Volkes gegenüber dem Prinzen stattfanden; erst im 19. Jahrhundert wurde der Name *Prinsjesdag* auf den politischen Tag der Parlamentseröffnung übertragen.

13 Verehrter Herr Professor
Von Anzügen und Krawatten

Am nächsten Morgen klingelt der Wecker sehr früh. Anne gähnt, dreht sich mehrfach im Bett herum und öffnet schließlich die Augen. Sie ist müde. Ausgerechnet heute soll sie zum ersten Mal zur Gerrit Rietveld Kunstakademie in Amsterdam Zuid gehen. Der gestrige Tag war aufregend und lustig, aber auch sehr lang und anstrengend. Nach dem süßen orangefarbenen Frühstück hat sie sich Emmas Gruppe angeschlossen: Den ganzen Tag sind sie lachend, singend und tanzend durch Amsterdam gezogen, haben gemeinsam die Flohmarktstände durchwühlt und überall leckere niederländische Köstlichkeiten probiert.

Anne hat noch viele Bilder des Tages vor Augen: lustig gekleidete, ausgelassen feiernde Menschen, bunt, verrückt und fröhlich – später, wenn sie Zeit hat, will sie versuchen, einige Szenen in ihrem Skizzenbuch festzuhalten. Jetzt aber muss sie sich beeilen. Sie zieht sich schnell an, frühstückt und schwingt sich dann aufs Rad.

Nach etwas mehr als 20 Minuten Fahrt, zuerst durch Nieselregen, dann lässt sich die Sonnen blicken, erreicht Anne ihr Ziel in der Nähe der Kunstakademie: Sie steht am Rand eines Platzes, auf dem Hunderte Fahrräder geparkt sind – aneinandergereiht, gestapelt, hochgestellt. Sie hat sich vor einigen Tagen diesen kostenlosen *bewaakte fietsenstalling* (bewachten

Fahrradabstellplatz) im Internet herausgesucht, da sie immer wieder vor dem fast legendären Amsterdamer Fahrradklau gewarnt worden ist. Anne schiebt ihr Rad durch das Gewühl der abgestellten, vom vorangegangenen Regen teilweise noch tropfnassen Fahrräder und sucht nach einem freien Platz. Die erste Reihe ist komplett besetzt, und auch die zweite und die dritte Reihe sind bis auf den letzten Winkel vollgestellt. Anne kommt ins Schwitzen und sieht auf die Uhr. Wenn sie nicht bald einen Platz findet, verspätet sie sich. Das wäre ärgerlich, denn gerade heute soll ein ehemaliger Student der Akademie, der neue Direktor des Amsterdamer Van Gogh Museums, Prof. Dr. Pieter van der Wiesen, einen Einführungsvortrag halten. Das möchte sie sich nicht entgehen lassen!

Anne schiebt ihr Rad etwas schneller. Jetzt ist sie schon in der vierten Reihe angelangt. Irgendwo muss doch ein Plätzchen frei sein! Oh je, plötzlich rutscht ihr das Fahrrad unglücklich aus der Hand. Sie verliert das Gleichgewicht, rudert mit den Armen, versucht, sich am nächstbesten Fahrrad festzukrallen, rutscht am nassen Griff ab – und fällt um. Autsch. Das tut weh! Ihr Bein liegt unter ihrem Fahrrad im Matsch, und ja, so ein Hollandrad ist wirklich robust und schwer!

»Moment, ich helf dir!« Ein Mann läuft vom Ende der Reihe auf sie zu. »So, und hepp!« Er lächelt Anne freundlich zu, während er ihr Fahrrad hochhebt. Anne lächelt zurück, bedankt sich, klopft nasse Erd- und Staubkrümel von ihrer Hose und wischt über ihre Sneaker. Da fällt ihr Blick auf die Schuhe ihres netten Helfers, der direkt neben ihr steht und damit beschäftigt ist, den Lenker ihres Fahrrads geradezubiegen. Seine Schuhe hätten so einen kleinen Wisch auch mal nötig, denkt sie sich, und schaut den Mann genauer an. Er ist mittleren Alters, hat blaue Augen, kleine Fältchen um die Augen, einen Dreitagebart und halblange, wild durcheinandergewirbelte grau-braune Haare, steckt in einer tief sitzenden braunen Cordhose und einem dunkelblauen Baumwollpullover. Das ist wahrscheinlich der Wärter des Fahrradparkplatzes, denkt sie gerade, als der Mann seine Hand hebt und zum Ende der Reihe weist: »Da vorne ist noch eine Lücke, da kannst du dein Fahrrad abstellen«, sagt er. »Oh ja«, antwortet Anne und beginnt, ihr Rad in diese Richtung zu schieben.

»Musst du zur Kunstakademie?«, fragt der Mann interessiert und meint: »Ich kann dir gerne zeigen, wie du da am schnellsten hinkommst! Es gibt nämlich einen geheimen *sluipweg* (Schleichweg) vom Fahrradparkplatz zu einem Seiteneingang der Akademie. Das ist viel kürzer!«

Anne zögert. Das ist ihr nun doch zu viel des Guten. Anne mustert den Mann noch einmal genauer. Ein geheimer Schleichweg? Das kommt ihr dann doch ziemlich merkwürdig vor!

»Nein, vielen Dank! Sie haben hier ja sicher genug zu tun mit den ganzen Fahrrädern«, antwortet sie deshalb und bemüht sich, freundlich zu bleiben. Um ganz sicher zu sein, dass das Gespräch nun auch wirklich beendet ist, zieht sie schnell ihren Geldbeutel aus der Tasche und drückt dem Mann einen Euro in die Hand. »*Bedankt!* Sie haben mir sehr geholfen. Aber jetzt muss ich los!«

Ein Parkplatz fürs *fiets*

Nirgendwo auf der Welt gibt es pro Kopf so viele Fahrräder wie in den Niederlanden – und rund 99 Prozent der Niederländer besitzen mindestens ein Fahrrad; nirgendwo fahren Fahrradfahrer so

sicher und so bequem durch das flache Land und auf so gut aus-
gebauten Radwegen durch die Stadt; nirgendwo genießen Fahrradfahrer ein so hohes Ansehen wie hier. Aber auch nirgendwo auf
der Welt werden so viele Fahrräder geklaut. In der Vergangenheit
wurden jährlich fast eine Million *fiets* gestohlen – von Gelegen-
heitsdieben, die auf schlecht gesicherten Fahrrädern schnell mal
eben von A nach B fahren wollen; aber auch von professionellen
Dieben, die selbst das teuerste und angeblich sicherste Schloss –
ob Stahlkabel, Eisenkette oder Ringschloss – in Minuten knacken.

Besonders schlimm ist es in Amsterdam. Dem grassierenden Fahrradklau versucht die Stadt jedoch entgegenzuwirken, und zwar
durch die umfassende Registrierung der Fahrräder einerseits und
durch die Bewachung von Fahrradabstellplätzen andererseits.
Bewachte Fahrradparkplätze kann man deshalb in ganz Amsterdam finden, z.B. am Beursplein in der Nähe des Hauptbahnhofs,
in der Binnengasthuisstraat 9 oder an der Weteringschans 4a.
Allen bewachten Parkplätzen ist gemeinsam, dass das Parken der
Fahrräder in den ersten 24 Stunden gratis ist – erst danach wird
ein kleiner Betrag fällig. Genauere Informationen finden sich auf
der Website www.amsterdam.nl unter dem Menüpunkt *Wonen*,
Rubrik *Parkeren & verkeer*, Unterpunkt *Fiets*.

Wenig später sitzt Anne im großen, bis an den Rand gefüllten
Hörsaal der Kunstakademie. Sie ist zwar etwas zu spät gekommen, aber sie hat Glück gehabt, denn die Veranstaltung
hat noch nicht angefangen. Wahrscheinlich hat sich Professor
Van der Wiesen auch verspätet.

Anne ist sehr gespannt auf den Museumsdirektor! Erst vor
einigen Tagen hat sie in einer Zeitung einen Bericht über ihn
gelesen. Vielleicht ist der lichtdurchflutete Saal wegen ihm so
voll, überlegt sie und dreht ihren Kopf: Um sie herum sitzen
und stehen nicht nur Niederländer, sondern auch Engländer
und Spanier. Zumindest schließt sie das aus den Wortbro-
cken, die sie hört. Neben ihr sitzt eine junge Frau – vielleicht
eine Engländerin? Oder doch eine Niederländerin? Die Frau

hat kurze dunkelblonde Locken. Sie sieht hübsch aus, denkt Anne, auch wenn ihre Nase nicht gerade klein ist. Ohne nachzudenken, beginnt sie, das Profil der Sitznachbarin auf ihren Notizblock zu zeichnen.

Plötzlich verstummen die Stimmen um sie herum. Anne blickt auf: Jemand hat den Saal betreten. Ach, was für ein Zufall! Da vorne, am Rednerpult steht der Parkplatzwärter von vorhin. Er fummelt am Mikrofon herum. Wahrscheinlich ist er nicht nur Wärter, sondern auch Hausmeister der Akademie, überlegt Anne.

Knack. Der Mann hat das Mikrofon eingeschaltet. »Hört ihr mich, liebe Kinder?«, fragt er durch weitere Knack- und Knistergeräusche hindurch. »*Can you hear me, my dear children?*«, wiederholt er seine Frage auf Englisch und blinzelt listig ins Publikum. Dann wird er ernster: »Entschuldigt meine Verspätung, ich wurde auf dem Fahrradparkplatz aufgehalten. Aber jetzt kann es losgehen! Mein Name ist Pieter van der Wiesen ...«

Langsam, ganz langsam rutscht Anne tiefer in ihren Sitz. Obwohl sie nur ein T-Shirt anhat, ist ihr plötzlich ganz heiß. Wie peinlich! Das ist kein Parkplatzwächter. Und auch kein Hausmeister. Das ist Prof. Dr. Van der Wiesen, der Direktor des Van Gogh Museums! Und um ihn loszuwerden, hat sie ihn mit einem Euro Trinkgeld abgespeist!

Was ist da schiefgelaufen?

Anne hat auf dem Fahrradparkplatz und später im Hörsaal einen gewichtigen Fehler gemacht: Sie hat – so wie sie es als Deutsche wahrscheinlich schon oft in ihrem Leben getan hat – von Kleidung und Aussehen einer Person auf den Status des Trägers oder der Trägerin geschlossen. Damit kommt sie in den Niederlanden aber nicht weit: Status und Beruf einer Person werden hier nicht – zum Beispiel durch besonders formelle Kleidung – öffentlich zur Schau getragen. Schließlich ist es ganz anders als in Deutschland überhaupt nicht gewollt, aufzufallen oder sich von der Masse irgendwie abzuheben – im Gegenteil. Titelwahn? Nein danke!

Die niederländische Gesellschaft hat einen calvinistischen Hintergrund (siehe Kapitel 5: »Im Fegefeuer«, S. 35), was sich im Umgang der Menschen miteinander immer noch zeigt: Luxus ist etwas für Angeber. Nicht Armut ist beschämend, überflüssiger Luxus ist es. Man kleidet sich gerne gewöhnlich, denn man ist gerne gewöhnlich.

Darin besteht vielleicht der größte Unterschied zwischen der niederländischen und der deutschen Kultur: Während auf der niederländischen Seite ein stark egalitärer Charakter die Gesellschaft prägt, die öffentliche Inszenierung von Herkunft und Bildung eher unangenehm auffällt und daher bewusst vermieden wird, wird auf der deutschen Seite die Gesellschaft von Hierarchien, von Bildungs- und Sozialstatus beherrscht: Hier wird gerne – natürlich maßvoll, aber durchaus mit Stolz – gezeigt, was man hat, sei es Titel, Stellung oder Herkunft. Verstecken? Warum denn!

Für Niederländer ist das anders: Durch den vor sich hergetragenen Doktor- oder Professorentitel oder durch betont formelle Kleidung wird zwischen den Menschen eine Distanz geschaffen, die man als unangenehm empfindet und deshalb nicht schätzt. Sicherlich ist Anne auch in Deutschland schon dem einen oder anderen Professor begegnet, der in Strickpulli, Jeans und verstaubten Schuhen in die Vorlesung gekommen ist, insbesondere in ihrem Studienfach Kunst – es wird aber eher die Ausnahme gewesen sein. In den Niederlanden dagegen ist es umgekehrt: Hier fällt (unangenehm) auf, wer sich irgendwie formell oder besonders edel kleidet – also in irgendeiner Weise deutlich besser als die anderen.

Oft berichten Deutsche, die geschäftlich mit Niederländern zu tun haben, von niederländischen Geschäftsleuten, die zwar ordentlich und anständig gekleidet seien, doch dann seien da manchmal diese Schuhe, die ins Auge fallen: zwar nicht total abgenutzt, aber augenscheinlich auch nicht besonders gepflegt oder geputzt. Warum das so ist, darüber wird gerätselt. Hier die Antwort: Auch der Niederländer bemerkt die Unterschiede zwischen den Kulturen und versucht, sich im Geschäftsleben den deutschen Gepflogenheiten anzupassen – er verpasst sich also einen Anzug mit Krawatte. Nur die Schuhe, die werden oft einfach vergessen.

So ist's *oranje*

Vielleicht landet Anne demnächst wieder einmal unter ihrem Fahrrad. Und vielleicht kommt ihr dann wieder ein Niederländer mittleren Alters spontan zur Hilfe. Vielleicht beugt sich auch eine ältere Dame mit staubigen Schuhen zu ihr herab und erklärt ihr in lockerem Tonfall, wie sie ihr aufgeschürftes Knie verarzten soll. Höchstwahrscheinlich sind diese hilfreichen Personen dann ganz »normal« gekleidet. Was soll Anne dann denken? Was verrät es ihr über diese Menschen?

Sehr wenig! Anne sollte bei ihrem Aufenthalt in den Niederlanden in dieser Hinsicht jedenfalls mit allem rechnen: Es kann der zukünftige Chef sein, der ihr die Hand reicht, um sie hoch-zuziehen, oder »nur« der Nachbar von nebenan. Es kann auch ein hochrangiger Politiker sein oder ein Tellerwäscher aus der immer überfüllten Uni-Kneipe. Es kann die Ärztin aus der Uni-versitätsklinik sein, die Erste Hilfe leistet, oder die Verkäuferin aus dem Supermarkt an der Ecke. Und eigentlich ist es ja auch ganz egal, denn was macht das schon für einen Unterschied?

Anne sollte die erfrischende, für Deutsche manchmal über-raschende Lockerheit der Niederländer schätzen lernen und es genießen, einmal allen Standesdünkel vergessen zu können. Sie sollte versuchen, ihre deutsche Reserviertheit abzulegen und die freundliche Spontaneität der Niederländer offen an-zunehmen – auch wenn ihr ein Fremder gegenübersteht. Ob nun Professor oder nicht – eine gewisse Gelassenheit im Um-gang miteinander hat wohl noch niemandem geschadet.

Übrigens braucht sich Anne keine Sorgen machen: Auch wenn sie dem Professor einen Euro Trinkgeld in die Hand gedrückt hat – er wird es ihr nicht nachtragen. Warum auch? Ein Parkplatzwächter ist doch schließlich nichts Schlechtes und Annes Geste war ja keineswegs unfreundlich!

Eines sollte Anne trotz aller niederländischen Lockerheit aber nicht vergessen: Auch wenn sie bei den Niederländern nicht unbedingt auf dem Briefkasten oder am Klingelschild stehen, so dürfen Titel und Berufsbezeichnungen bei der Ad-ressangabe und bei der Anrede in Briefen nicht fehlen.

Kleine Namenszusätze im Niederländischen

Bei vielen Niederländern sind Präpositionen wie *van, de, van de, van der* oder *van den* fester Bestandteil des Nachnamens. In Deutschland sehr bekannt sind z.B. die Namen der niederländischen Fußballspieler Rafael van der Vaart oder Ronald de Boer (Ronaldus). Offiziell heißt dieser kleine Namensbestandteil *voorvoegsel* (Präfix, Vorsilbe), von der niederländischen Allgemeinheit wird er jedoch eher mit dem Begriff *tussenvoegsel* (Einschiebsel) umschrieben. Auch im Deutschen gibt es dieses Phänomen – allerdings weitaus seltener und in den meisten Fällen bei Namen, hinter denen sich eine Adelstradition verbirgt, so z.B. bei Richard Karl Freiherr von Weizsäcker, Otto von Bismarck oder Annette von Droste-Hülshoff.

Bei der Schreibweise der *tussenvoegsels* kann es etwas kniffelig werden: Generell werden das *van* und das *der* nämlich am Anfang mit *hoofdletters* (Großbuchstaben) geschrieben – so z.B. bei Prof. Dr. Van der Wiesen. Nur bei gleichzeitiger Nennung des Vornamens oder der Initiale schreibt man klein: Pieter van der Wiesen oder Direktor P. van der Wiesen.

Bei der Sortierung der Nachnamen – z.B. im niederländischen Telefonbuch – spielen die *tussenvoegsels* übrigens keine Rolle.

14   (K)Eine Frage der Höflichkeit?

Auf Du mit dem Sie

Der Vortrag ist zu Ende. Alle Zuhörer, auch Anne, klopfen mit ihren Händen Applaus auf den Tisch. Nachdem Professor Van der Wiesen gegangen ist, kommt eine jüngere Frau mit kurzen blonden Haaren und einem energischen Gesicht an das Rednerpult und stellt sich vor. Sie heißt Jorina Vandenhoeck und ist Dozentin an der Kunstakademie. In der nächsten halben Stunde wird sie alles Wichtige zum Ablauf des kommenden Trimesters erklären. Zunächst aber bekommen die Gaststudenten die Gelegenheit, Fragen zu stellen. Ein englischer Student möchte wissen, ob es für Mitglieder der Kunstakademie Vergünstigungen für die Amsterdamer Museen gibt. Ein weiterer Student fragt, ob es auch die Möglichkeit gibt, mehr als die vorgesehenen Kurse zu belegen.

Semester, Trimester und Quartester: Studieren in den Niederlanden

In Deutschland ist das akademische Jahr an staatlichen Hochschulen in zwei Semester unterteilt – das Sommersemester, das im März oder April beginnt und das Wintersemester, das nach einer langen Sommerpause Ende September oder Anfang Oktober beginnt. Das akademische Jahr in den Niederlanden unterteilt sich dagegen oft in Trimester, manchmal sogar in Quartester, wobei der Studienbeginn in der Regel nur am 1. September eines jeden Jahres möglich ist. Ein Studium in den Niederlanden ist bei ausländischen Studenten sehr beliebt, denn die Auswahl an Studienmöglichkeiten ist groß. Neben den renommierten Universitäten z.B. in Nijmegen, Groningen, Twente, Amsterdam, Rotterdam, Eindhoven, Leiden, Maastricht oder Utrecht bieten viele sogenannte *hogescholen* ein praxisbezogenes Studium an, das innerhalb von vier Jahren zu einem Abschluss führt. Studiengebühren werden in den Niederlanden übrigens immer erhoben; diese sind recht hoch und betragen fast 2.000 Euro pro Studienjahr, wobei je nach Hochschule noch weitere Gebühren anfallen können.

Zu allem, was rund um Studienplatzbewerbung und Studium in den Niederlanden wichtig ist, bietet die Inernetseite www.studieren-in-holland.de für Studieninteressierte vielfältige weiterführende Informationen.

Plötzlich meldet sich die neben Anne sitzende Studentin mit der markanten Nase und fragt in schwer verständlichem Niederländisch: »Kannst du erklären, wie die Plätze in den einzelnen Kursen vergeben werden?«

Anne erschrickt. Ihre Sitznachbarin ist ganz offensichtlich doch eine Ausländerin. Denn vorne steht ja keine Studentin, die man duzen kann, sondern eine Dozentin, wahrscheinlich sogar eine Professorin! Sie tippt ihrer Sitznachbarin schnell an die Schulter: »Psst. Du bist wohl auch nicht von hier. Das ist keine Studentin, du musst Sie sagen!«

Die junge Frau wendet sich Anne zu, zieht ihre Augenbrauen streng in die Höhe und sieht sie an. »Natürlich ist das eine Professorin, wir sind hier ja im Hörsaal«, flüstert sie. Und nach einem schnellen Blick auf Annes Notizblock mit der kleinen Skizze von ihr fügt sie fast etwas ungehalten hinzu: »Ich spreche zwar einen Dialekt, aber ich bin trotzdem Niederländerin! Aber du ja wohl nicht!«

Dann wendet sie ihren Kopf wieder nach vorne, um der Dozentin zuzuhören, die gerade erklärt, wie man sich auf die verschiedenen Kurslisten einträgt.

Was ist da schiefgelaufen?

Wenn Anne einer Niederländerin unterstellt, sie wäre keine Niederländerin, weil diese die Dozentin mit Du anspricht, tritt sie in ein großes Fettnäpfchen – und outet sich selbst als absolut nicht-niederländisch. Das Du der Studentin gegenüber der niederländischen Dozentin war schließlich vollkommen richtig!

Eigentlich ist es verwunderlich, dass Anne erst jetzt in dieses Fettnäpfchen getreten ist, denn die Tatsache, dass Niederländer fast jeden, den sie treffen, mit Du ansprechen, ist für Deutsche äußerst ungewöhnlich und gewöhnungsbedürftig – so wie es für Niederländer eher befremdlich erscheint, im alltäglichen Umgang auf dem formellen Sie zu beharren.

In Deutschland begegnen sich die Menschen eher distanziert und drücken ihren Respekt explizit aus. Dazu gehört in der Regel auch das Siezen – eine Ausnahme bilden hier nur Kinder und Jugendliche. Selbst langjährige Bekannte oder Arbeitskollegen siezen sich und wahren dadurch Distanz. Das Du wird meistens erst verwendet, wenn der Ältere dem Jüngeren die alles entscheidende Frage »Sollen wir uns duzen?« stellt oder höflich anbietet: »Du kannst gerne Du zu mir sagen.«

In den Niederlanden duzt man sich dagegen schneller – oft schon beim ersten Aufeinandertreffen. Dass sich Kollegen untereinander, Chefs und Angestellte, Arzt und Patient, Schüler und Lehrer, ja: Dozenten bzw. Professoren und Studenten duzen, ist nicht die Ausnahme, sondern die Regel. Warum?

Ein Grund liegt in der bereits angesprochenen niederländische Kultur der Gleichheit: Keiner hebt sich als besonders hervor, man hält es nicht nur mit der Kleidung sondern auch mit der Ansprache weniger formell. Ein weiterer Grund liegt darin, dass das niederländische *je* und das deutsche Du nicht ganz deckungsgleich sind. In Deutschland signalisieren wir mit dem Du eine gewisse Nähe und Vertrautheit zu unserem Gegenüber. Deshalb duzen wir alle, die zur Familie gehören. Siezen erscheint hier unangebracht, ja: merkwürdig – fast verrückt und komisch. Wenn wir umgekehrt von einem Unbekannten, der nicht in diesen vertrauten Kreis gehört, geduzt werden, empfinden wir es als distanzlos und unhöflich. Es erscheint uns, als hätte jemand eine unsichtbare Grenze überschritten – das kommt uns frech und aufdringlich vor.

Das niederländische *je* erfüllt diese Funktion nicht, es ist kein intimes Wort, sondern drückt aus, was im niederländischen Alltag ohnehin offen gelebt wird: eine gewisse Lockerheit im Umgang miteinander. Intimität und Nähe werden mit dem *je* nicht unbedingt in Verbindung gebracht.

Der Umgang mit dem Sie, also dem niederländischen *u* hat dagegen auf der niederländischen Beziehungsebene schon stärkere Aussagekraft: Gesiezt wird aus Respekt – und Respekt hat man nicht zwangsläufig nur vor Anzugträgern oder Titeln, vor Fremden oder Vorgesetzten, sondern vor allem auch vor Personen, die einem nahestehen. Warum soll ich nicht ältere Familienmitglieder, die Mutter, den Vater oder die Großtante siezen – habe ich denn keinen Respekt vor ihnen? Warum soll ich nicht den lieben Gott mit *u* ansprechen? Vor wem habe ich Respekt, wenn nicht vor ihm?

So ist's *oranje*

Anne wird sich bestimmt darum bemühen, in Zukunft alles richtig zu machen, wenn es um die korrekte Verwendung von *je* und *u* geht. Allerdings gibt es nicht die eine goldene Regel, die sie anwenden kann – immerhin aber ein paar Faustregeln:

Alle, die man mit Vornamen anspricht, werden auch mit Du angeredet – das sind mehr, als sich Anne vorstellen kann, nämlich auch Chefs, Kollegen und so weiter.

Anne kann ihre Dozenten getrost duzen und sollte sich nicht wundern, wenn sie von diesen als »Kind« bezeichnet wird. Schule oder Universität, Lehrerin oder Professorin – das ist in den Niederlanden kein weltbewegender Unterschied.

Da sie keine große Familie in den Niederlanden hat, muss sie sich nicht um das familiäre Sie sorgen – es ist in den letzten Jahrzehnten ohnehin auf dem Rückmarsch. Aber wenn sich doch einmal eine Gelegenheit ergibt: Warum es nicht einmal mit *u* versuchen?

Als wichtigste Regel sollte sich Anne merken: In den Niederlanden ist das *je* lieber und öfter in Gebrauch, als das *u*. So merkwürdig es ihr auch vorkommen mag: Mit dem förmlichen Sie kann sie in den Niederlanden mehr anecken, als mit dem Du. So wie in Deutschland ein vorschnelles Du als unhöflich empfunden wird, so wirkt ein wiederholtes Sie am falschen Ort auf den Niederländer als übertrieben distanziert, als überheblich oder sogar als ablehnend. Hier gehört es zum höflichen Umgang, dass man schnell zum Du übergeht.

Außerdem: Wenn sich Anne einmal nicht ganz sicher ist – im Lauf eines Gesprächs wird sie es sicher herausfinden und kann vom *u* ganz schnell zum *je* umschwenken. Das wird ihr garantiert niemand übel nehmen.

Wörterbüchlein: *Je, jij oder jou?*

Im Niederländischen gibt es nicht nur das Personalpronomen *je* (du), sondern auch das Possessivpronomen *je* mit den Bedeutungen »dir«, »dich«, »dein«; und es gibt das Wort *je*, das dem deutschen »man« entspricht; daneben stehen die Pronomen *jij* (du), *jou* (dir, dich), und *jouw* (dein, deine). Nicht nur aufgrund der Bedeutungsüberschneidungen ist die Verwendung dieser Wörter nicht immer ganz einfach. Folgende Tabelle mit Beispielsätzen kann als kleine Orientierungshilfe dienen:

Niederländisch	Deutsch
Je bent laat.	**Du** bist spät.
Wat scheelt je?	Was fehlt **dir**?
Ik hou van je/jou.	Ich liebe **dich**.
Geloof alleen je eigen ogen!	Trau nur **deinen** eigenen Augen!
Hoe kan je nu weten!	Wie kann **man** das wissen!
Niemand is er zo lief als jij.	Niemand ist so lieb wie **du**.
Met jou kan ik niet leven, en evenmin zonder jou.	Weder mit **dir** noch ohne **dich** kann ich leben.
Op jouw verantwoording!	Auf **deine** Verantwortung!

15 Pikant!

Niederländischer Lakritz-Kult

Am nächsten Montag sitzt Anne gut gelaunt in einem Kursraum der Akademie. Sie hat es geschafft! Sie hat einen der begehrten Plätze in einem Kurs von Pieter van der Wiesen ergattert! Nun sitzt sie wie die anderen Schüler in einem Halbkreis um ein weibliches Aktmodell herum und versucht, eine gute Zeichnung anzufertigen. Neben ihr sitzt Tomke, die junge Frau mit der markanten Nase und dem ungewöhnlichen niederländischen Dialekt, der, wie sie vorhin erfahren hat, typisch für die Provinz Overijssel ist. Anne freut sich, dass sich Tomke gleich neben sie gesetzt hat, denn die Niederländerin ist ihr richtig sympathisch. Hoffentlich ist es umgekehrt genauso!

Anne zeichnet den Umriss des Modells, das dünn, frierend und mit sichtlich geröteter Haut an einem runden Schemel lehnt. Sie beginnt beim Kopf, misst den Abstand zu den Füßen und skizziert dann mit dünnen Bleistiftstrichen Arme und Beine. Richtig zufrieden ist sie nicht. Der Kopf scheint zu klein, der Körper zu schief. So hässlich ist die junge Frau, die mit ihren braunen Augen etwas gelangweilt in die Runde schaut, nun auch nicht. Anne wirft einen Blick auf Tomkes Blatt. Tomke hat erst wenige, dafür aber sehr kräftige Striche gezeichnet. Bei ihr wirkt die Szene echter – obwohl das Modell auch nicht viel besser wegkommt. Oder hat die junge

Frau etwa tatsächlich so lange Gliedmaßen? Anne blickt grübelnd nach vorn, da beugt sich plötzlich Tomke zu ihr hinüber, streckt ihre Hand aus und meint: »Willst du?«

Eine Süßigkeit? Warum nicht. Anne nickt, greift nach dem Bonbon, wickelt es möglichst geräuschlos aus dem Papier und steckt es sich in den Mund. Mmh. Ein wenig bitter, nicht schlecht.

Plötzlich fällt ein Schatten auf Annes Blatt. Neben ihr steht Professor Van der Wiesen und betrachtet ihre Skizze. Ob er sich an sie erinnert? Dass sie ihn leicht abschätzig für einen Parkplatzwächter gehalten hat und ihm – um ihn loszuwerden – auf dem Fahrradparkplatz einen Euro Trinkgeld gegeben hat? Etwas nervös radiert Anne eine Linie weg und hebt den Kopf. Der Professor nickt ihr zu, zeigt auf die Zeichnung und deutet mit dem Daumen eine leichte Bewegung an. »Sie muss stabil stehen«, sagt er leise, »achte auf den Schwerpunkt. Und nie radieren!«

In dem Moment passiert es: Das Bonbon in Annes Mund platzt auf und gibt ein Pulver frei, das langsam in ihren Mund rieselt. Was ist das denn? Was hat ihr Tomke denn da gegeben? Wollte ihr die neue Freundin einen Streich spielen? So etwas hat Anne noch nie erlebt! Das Pulver ist dermaßen *pikant* (scharf), bitter und salzig zugleich, kaum zum Aushalten!

Professor Van der Wiesen steht noch immer neben ihr. Offenbar wartet er auf eine Antwort. Anne blickt zu ihm hoch – und verzieht das Gesicht zu einer Fratze. Zumindest kommt es ihr so vor, denn der Geschmack im Mund wird immer schlimmer, äußerst scharf, unangenehm und richtig widerlich.

»Was meinst du, wo muss der Schwerpunkt der Figur liegen?«, fragt Van der Wiesen freundlich. War das ein spöttisches Lächeln, das seinen Mund da umspielt hat?

Anne, die weder ihren Mund öffnen noch das eklige Ding herunterschlucken kann, zeigt auf das rechte Knie ihrer gezeichneten Figur. Dabei verzieht sie erneut angewidert das Gesicht und unterdrückt ein Husten. Irgendwie muss sie das Bonbon samt Inhalt loswerden, schnellstmöglich, auch wenn der Professor noch neben ihr steht.

Anne zuckt entschuldigend mit den Schultern, deutet mit dem Finger auf ihren Mund, stößt ihren Stuhl weg, steht hastig auf, stürmt aus der Tür und hält erst inne, als sie eine Toilette findet – und den gesamten klebrig-scharfen Rest in hohem Bogen ausspuckt.

Was ist da schiefgelaufen?

Tomke wollte Anne weder ärgern noch ihr einen Streich spielen. Tomke ist Niederländerin – und Niederländer lieben nun mal Süßigkeiten, wenn auch in Geschmacksvarianten, die manche Nicht-Niederländer ziemlich überraschen. Neben relativ gewöhnlichen Süßigkeiten wie Gummibärchen, Schokolade oder Keksen verzehren Niederländer nämlich am allerliebsten sogenannte *dropjes*.

Dropjes, das sind Lakritze in allen erdenklichen Formen und Farben – man kann sie in den Niederlanden fast in jedem Supermarkt und jeder Drogerie kaufen. In einigen Städten gibt es sogar spezielle *dropjeswinkel* (*dropjes*-Geschäfte). Hier stapeln sich Gläser und Dosen gefüllt mit Lakritze in den verschiedensten Variationen und Geschmacksrichtungen: Es gibt runde, eckige, längliche, platte, glatte, geriffelte, harte, weiche, dünne und dicke *dropjes;* es gibt *dropjes* in Katzenform oder als runde Münzen; es gibt tiefschwarze oder bräunliche, gesprenkelte oder gestreifte, gelbe, grüne oder rosa *dropjes;* es gibt zuckersüße, honigsüße, sahnigsüße, bittere, mittelsalzige und ganz salzige; es gibt *dropjes* mit Pfefferminz- oder Lorbeergeschmack; und es gibt – wie Anne soeben erfahren hat – kleine Kugeln mit Salmiakfüllung.

Der salzig-scharfe Geschmack dieser Nascherei ist natürlich nicht jedermanns Sache. Tomke, deren *dropjes*-Verbrauch etwa bei einer Tüte pro Tag liegt, hat Anne dennoch keineswegs eine Gemeinheit zumuten wollen – im Gegenteil: Das waren sogenannte *zwartwit kogels* mit einer Füllung aus Salmiakpulver – *een heerlijke Nederlandse specialiteit!*

So ist's *oranje*

Wo und wann auch immer Anne in den Niederlanden wieder einmal auf Lakritze trifft – und das wird sie, keine Frage –, muss sie damit rechnen, dass diese Nascherei nicht immer süß ist, sondern durchaus sehr salzig, bitter und *pikant* schmecken kann. In diesen Fällen ist der Lakritze ein wenig oder auch recht viel Salmiak beigemischt, so wie es in den Niederlanden und in skandinavischen Ländern üblich ist.

Einen besonders hohen Salmiak-Anteil enthalten die sogenannten *zwartwit kogels.* Falls Anne noch einmal eine solche Kugel angeboten wird, ist folgende Gebrauchsanleitung vielleicht von Nutzen: Jede *zwartwit kogel* ist einzeln verpackt, und zwar in eine typischerweise teils durchsichtige, teils orange-schwarz gemusterte Plastikfolie. Nach dem Auswickeln werden die kleinen hellbraunen Kugeln zunächst wie gewöhnliche Bonbons in den Mund gesteckt. Ganz hartgesottene Salmiakfanatiker brechen die Zuckerschale mit einem einzigen Biss auf. Hiervon ist nicht nur aus Gründen der Zahngesundheit abzuraten! Besser ist es, die Kugel, deren äußere Hülle manchmal kleine Risse aufweist, eine Weile im Mund zu behalten. So kann das Salmiakpulver langsam durch die Bruchstellen rieseln oder aus dem Kern der Kugel herausgesaugt werden. Viele Niederländer schwören auf den würzig-scharfen Salzgeschmack des Salmiaks, der sich langsam und anhaltend im Mund ausbreitet.

Übrigens hat Anne instinktiv nicht ganz falsch gehandelt, als sie das Bonbon ausgespuckt hat: Salmiak, das es hierzulande in dieser relativ konzentrierten Form eigentlich nur in Apotheken gibt, ist nicht ganz ungefährlich. Die in Salmiak enthaltenen Stoffe können bei übermäßigem Verzehr zu Bluthochdruck führen. Süßigkeiten, die mehr als zwei Prozent Salmiak enthalten, müssen deshalb in Deutschland mit einem auf der Packung gut sichtbaren Warnhinweis versehen werden. Wenn man bedenkt, dass manche Menschen sogar auf Salmiak in hoch dosierter Form als Fleckenentferner schwören, sollte man diese Regelung vielleicht ernst nehmen. Außerdem gibt es in Deutschland die Empfehlung für Erwachsene, den Lakritzkonsum auf 50 Gramm pro Tag zu beschränken.

Niederländer, die sich in Deutschland aufhalten und sich von solchen Warnhinweisen natürlich nicht abschrecken lassen, vermissen ihre *dropjes* oft schmerzlich – im Internet ist deshalb bereits ein reger Versandhandel entstanden.

Wer einem Exil-Niederländer eine Freude bereiten will, macht bei einem Niederlande-Urlaub also ganz einfach einen

Abstecher in einen *dropjeswinkel* und kauft ein kleines Mitbringsel. Jubel garantiert!

Lakritze

Um Lakritze herzustellen, werden aus den Wurzeln der am Mittelmeer und in Westasien beheimateten Süßholzpflanze die Inhaltsstoffe extrahiert. Durch den Zusatz von Zuckersirup, Mehl und/oder Gelatine sowie – je nach gewünschter Geschmacksrichtung – weiterer Gewürzen wie z.B. Anis, Fenchel oder Salmiak gewinnt man die bekanntesten Lakritsorten. Oft wird der Süßigkeit ein Farbstoff beigemischt, durch den sie ihr typisches Schwarz erhält.

Das Süßholz ist eine Importpflanze, weshalb Lakritze v.a. in Küstenregionen zu einer weitverbreiteten und gern gesehenen Näscherei geworden ist. Weltmeister im Lakritzeessen sind übrigens tatsächlich die Niederlande: Hier verdrückt eine Person im Jahr durchschnittlich zwei Kilogramm des schwarzen Naschwerks – und kaut damit zehnmal so viel auf den salzig-süßen Brocken herum wie sein deutscher Nachbar.

16   Essen aus der Wand

Herzhaftes für zwischendurch

»*Ik heb honger als een paard!*« (Ich habe Hunger wie ein Pferd). Tomke läuft neben Anne auf dem Bürgersteig, hält sich übertrieben den Bauch und schneidet eine furchterregende Grimasse. Dann sieht sie auf die Uhr: Es ist schon Viertel nach drei.

Von frühmorgens bis gerade eben sind Anne, Tomke und alle anderen Teilnehmer des Kurses über niederländische Malerei im 17. Jahrhundert gemeinsam im Rijksmuseum gewesen. Von der Dozentin Jorina Vandenhoeck haben sie unheimlich viel gelernt. Natürlich haben sie vor den berühmten Bildern von Rembrandt van Rijn gestanden, zum Beispiel vor der *Nachtwache* oder dem *Selbstporträt des Apostel Paulus,* und die Dozentin hat viel über Frans Hals und Jan Steen erzählt. Am besten haben Anne aber die Bilder von Jan Vermeer gefallen. Als alle dann ein Werk ihrer Wahl abmalen sollten, hat sich Anne vor sein Bild *Die kleine Straße* gesetzt und zu zeichnen begonnen. Über diese Arbeit hat sie glatt die Zeit vergessen, bis Tomke, die in einem anderen Raum den *Fröhlichen Trinker* von Frans Hals abgezeichnet hat, angelaufen kam: »Komm mit, wir wollen noch in den Vondelpark gehen!«

Museumplein, Vondelpark und niederländische Kunst

Wer sich besonders für Kunst und Kultur interessiert, sollte bei seinem Amsterdam-Besuch den Museumplein (Museumsplatz) aufsuchen – er liegt südwestlich des Grachtengürtels, im Amsterdamer Stadtteil Oud-Zuid. Hier finden sich viele Museen von Rang und Namen, darunter auch das Van Gogh Museum mit Hunderten Zeichnungen und Bildern des berühmten niederländischen Malers, das Stedelijk Museum für Moderne Kunst, das über eine Sammlung von etwa 90.000 Exponaten der Modernen Kunst verfügt – z.B. von Marc Chagall, Vincent van Gogh, Henri Matisse, Jackson Pollock und Andy Warhol; und es gibt eben das berühmte Rijksmuseum mit seiner großen Sammlung von Malerei aus dem Goldenen Zeitalter der Niederlande.

In der rund 100 Jahre umfassenden »goldenen Zeit« *(Gouden Eeuw)* ungefähr im 17. Jahrhundert erlebten die Niederlande eine wirtschaftliche und kulturelle Blüte: Die im Jahr 1581 gegründete Republik mauserte sich zur wichtigen Welthandelsmacht; unzählige Menschen – Wissenschaftler, Schriftsteller und Künstler – kamen hierher, um frei arbeiten, forschen und leben zu können: Weltberühmt wurde z.B. der französische Philosoph René Descartes, der von 1628–1649 im niederländischen Leiden lebte und forschte. Mit seinen Schriften zum Völkerrecht beschrieb der heute noch viel zitierte Hugo Grotius (1583–1645) die Grundlagen des internationalen Rechts. Meilensteine legte auch der niederländische Philosoph Baruch de Spinoza (1632–1677).

Insbesondere in der Malerei erlebte das Land einen regelrechten Boom mit den heute weltberühmten Malern Jan van Goyen (1596–1656), der für seine wunderschönen Landschaftsbilder berühmt wurde; mit Frans Hals (ca. 1583–1666), dessen lebendige Porträts bis heute kaum übertroffen wurden; mit Rembrandt Harmenszoon van Rijn (1606–1669), genannt Rembrandt, der in Leiden und Amsterdam wirkte und heute zu den bekanntesten niederländischen Künstlern zählt; mit Jan Steen (1626–1679) und seinen humorvollen, eindrücklichen Genremalereien; und schließlich mit Jan Vermeer (1632–1675), dessen Bild *Mädchen mit Perlenohrgehänge* sogar den Stoff für einen oscarnominierten Film lieferte – mit Scarlett Johansson in der Hauptrolle.

Nur eine kurze Wegstrecke vom Museumplein in Richtung Westen findet sich der Vondelpark, eine etwa 45 Hektar große Grünanlage mitten in der Stadt. Hier kann man bei schönem Sommerwetter auf der Wiese liegen, picknicken, auf Rollschuhen umhersausen oder sich in einem der netten Cafés zu einem *kopje koffie* niederlassen.

»Da drüben!« Tomke zupft Anne am Ärmel. »Da kriegen wir einen Snack! Mmh, eine *kroket!* Oder eine *frikandel in the box!* Du weißt schon, diese *lekker* niederländischen Würste!«, fügt sie augenzwinkernd hinzu. Tomke kramt in ihrem Geldbeutel. »Hast du noch etwas Kleingeld?«

»*Wat jammer!*« (So ein Pech), sagt sie und zieht ihre Mundwinkel herunter, denn Anne findet nur drei Eurostücke und ein paar Cent in ihrer Jackentasche. »*Wat jammer,* es reicht nicht für uns beide.« Plötzlich hält sie inne: »Ich hab eine Idee: Hol du doch schon mal eine *kroket* oder eine *frikandel* für dich! Ich renne schnell zum Museum zurück und wechsle etwas Geld! Wir treffen uns bei den Snacks!« Und schon rennt sie mit wehendem Rock um die Ecke – auf und davon.

Anne dreht sich um. Bei den Snacks? Eine Snackbar ist nirgendwo zu sehen. Vielleicht auf der anderen Straßenseite?

Sie überquert die Fahrbahn. Aber auch hier – nichts. Nur eine Reihe mit Getränkeautomaten. Vielleicht muss sie um die Ecke gehen? Anne biegt in eine Seitenstraße ein und läuft mehrere Hundert Meter – aber auch hier: nichts! Ich gehe noch ein kleines Stück nach links, denkt sie, irgendwo muss doch dieser Imbissstand sein! Zehn weitere Minuten lang irrt Anne durch die Straßen, an lauter roten Backsteinhäusern, parkenden Autos und flitzenden Fahrrädern entlang. Aber einen Wurststand kann sie immer noch nicht entdecken. In diesem Moment sieht sie von Weitem einen Kommilitonen, den langen Jan-Willem.

»*Hey Anne*«, ruft er ihr von der anderen Straßenseite zu. »Was machst du denn hier? Wolltest du nicht auch mit in den Vondelpark kommen? Oder musst du auch noch zu einer anderen Veranstaltung, so wie ich?«

»Nein, ich suche nur den Imbissstand, da wollte Tomke sich mit mir treffen«, ruft Anne zurück. »Weißt du, wo hier eine Snackbar ist?«

»Nein, hier in der Nähe kannst du dir nur *iets uit de muur trekken* (etwas aus der Wand ziehen)«, antwortet Jan-Willem. »Ich muss jetzt aber los. *Doei!*«

»Etwas aus der Wand ziehen?« Das scheint ein niederländisches Sprichwort zu sein, überlegt Anne. So wie »Eulen nach Athen tragen«. Jan-Willem hat ihr also zu verstehen gegeben: Das kannst du vergessen! Oder wollte er sie, die umherirrende Austauschstudentin, auf den Arm nehmen? Wie dem auch sei – Anne hat die Nase voll! Tomke hätte ihr den Laden wirklich etwas besser beschreiben können. Sie beschließt, auf kürzestem Weg in den Vondelpark zu gehen – soll Tomke doch sehen, wo sie mit ihren »*lekker* niederländischen Würsten« bleibt! So ein Essen ist ihr ohnehin zu fettig! Um solche Würste macht sie schließlich auch in Deutschland einen hohen Bogen! Und labberige Kartoffelkroketten? Nein danke!

Was ist da schiefgelaufen?

Anne macht Tomke zu Unrecht einen Vorwurf: Eine Wegbeschreibung war nämlich gar nicht nötig – Anne stand eine Weile fast direkt vor den niederländischen Snacks, vor den *kroketten* und den *frikandellen*.

Denn ganz in der Nähe gab es – wie sie auch aus dem Augenwinkel bemerkt hat – eine Wand mit kleinen Fächern. Das waren aber keine Getränkeautomaten, wie es Anne aus der Entfernung gemutmaßt hat, in den Fächern lagen *kroketten* und *frikandellen*. Außerdem sind *frikandellen* keine fettigen Fleischwürste, wie Anne abschätzig überlegt hat, sondern eine niederländische Spezialitäten, ja: sozusagen das Herz der niederländischen Snackkultur! Es gibt nur eines, was von den Niederländern noch inniger geliebt wird: *haringhappen* – bei uns bekannt als Matjes.

Der lange Jan-Willem hat somit keinen Scherz gemacht, als er zu Anne gesagt hat, in der Nähe könne sie sich »etwas aus der Wand ziehen«, denn das *eten uit de muur* (Essen aus der Wand) gibt es tatsächlich!

»Essen aus der Wand«, das aus Fächern mit Klappfenstern, die in eine Art Zwischenwand eingelassen sind, herausgezogen wird, ist zwar nicht unbedingt etwas für Feinschmecker. Aber es ist in den Niederlanden echt Kult. Gerade für nachts oder schnell mal zwischendurch sind diese Imbissautomaten nach Meinung der Niederländer ideal! Frisch zubereitet, in einer Snackbar oder in einem Restaurant bestellt, schmecken *kroket* und *frikandel* jedoch selbstredend viel besser. *Natuurlijk!*

Übrigens: Auch wenn man als Deutscher alles Frittierte als etwas sehr Fettiges, ja: fast Proletarisches betrachtet und viele davon auch aus gesundheitlichen Gründen heutzutage etwas Abstand nehmen, so sollte man zumindest wissen, dass das Frittieren für Niederländer zum Alltag gehört. In fast jedem Laden kann man eine Fritteuse kaufen und in keinem niederländischen Haushalt darf die Fritteuse fehlen. Das gehört zur niederländischen *gezelligheid!* Das machen einfach alle! Das bisschen Fett? *Dat hindert niets!*

So ist's *oranje*

Wenn Anne demnächst einmal an einer Automatenmauer oder – noch besser – an einer niederländischen Snackbar vorbeikommt, sollte sie es wagen und eine echte niederländische *kroket* und eine original niederländische *frikandel* probieren. Beide Snacks sind aus Fleisch gemacht, aber keineswegs das Gleiche!

Auf den ersten Blick unterscheiden sich beide Produkte dadurch, dass die *kroket* paniert ist, die *frikandel* dagegen nicht. Das sind aber nicht die einzigen Unterschiede: Die *kroket* ist – anders als die deutlich kleinere deutsche Kartoffelkrokette – ein panierter Snack, der klassischerweise mit fein gewürfeltem, kräftig gewürztem Rindfleisch gefüllt ist und mit Senf gegessen wird. Manchmal besteht die Füllung auch aus Krabben, Käse oder Gemüse; oft werden Pommes frites, Brot oder Apfelmus dazu gereicht.

Die Zubereitung der panierten wurstähnlichen Rollen ist nicht sehr schwer, aber etwas langwierig, da das Rindfleisch nach dem Anbraten und Würzen zusätzlich mit einer eigens zubereiteten Zwiebelsoße vermengt werden muss, um anschließend mehrere Stunden im Kühlschrank zu einer festen Masse zu erhärten. Erst dann kann die Füllung zu Kroketten, das heißt zu länglichen Rollen, geformt, in Panade gewendet und – nach einer weiteren Kühlung – in der Fritteuse goldbraun gebacken werden.

Wer sich die Arbeit sparen will, kann in fast jedem niederländischen Supermarkt tiefgekühlte *kroketten* kaufen. Oder man bestellt sie – wenn man keine Lust auf eine Snackbar hat – in einem sogenannten *eetcafé* oder einem Restaurant. In Kneipen werden statt *kroketten* oft sogenannte *bitterballen* angeboten. Das ist eigentlich das Gleiche, nur mundgerechter, also kleiner verarbeitet. Aufgepasst beim Essen: Man kann sich leicht den Mund an der heißen Füllung verbrennen!

Die niederländische *frikandel* ähnelt einer fettigen Wurst schon eher, hat aber, wie bereits der Begriff nahelegt, mehr Gemeinsamkeit mit der deutschen Frikadelle als mit der deutschen Bratwurst in der Pelle. Die niederländische *frikandel* ist außen braun und innen hell, besteht aus einer würzigen Hackfleischmasse (Rind, Schwein oder Huhn), die zu einer langen, dünnen Wurst geformt in der Fritteuse ausgebacken wird. Serviert wird sie mit einer kräftigen Portion roher Zwiebeln sowie mit Majonäse und Ketschup. Wenn Anne den Verdacht hegt, die *frikandel* sei fettig, ungesund und kein kulinarischer Hochgenuss, hat sie vielleicht nicht ganz Unrecht. Will sie jedoch die Niederländer wirklich kennenlernen, sollte sie diese »Sünde« wenigstens einmal im Leben probieren.

17 Palavern, parlieren oder konversieren?
Niederländische Gesprächskultur

»Huhu!« Tomke rennt über die Wiese und wedelt mit einer Tüte. »Hier!«, ruft sie. »Ich habe zwar keine *frikandel* bekommen, dafür aber *friet speciaal* (Pommes spezial). Die hab ich dir mitgebracht!« Tomke reicht Anne, die schon seit einigen Minuten neben den anderen Studenten auf einer Wiese im Vondelpark sitzt, eine kleine Pappschachtel: Pommes frites mit Mayo, Curryketchup und gehackten rohen Zwiebeln.

»Schau, für mich habe ich eine Portion *friet pindasaus* gekauft – Pommes mit heißer Erdnusssoße. Aber das ist sicher nichts für dich, oder?« fügt sie hinzu und zwinkert Anne zu.

»Über was habt ihr gerade geredet?«, fragt Tomke nach einer Weile mit vollem Mund.

»Ach, es gab eine kleine Diskussion«, antwortet Anne und zerkaut eine Zwiebel. »Wir haben darüber gesprochen, ob nun die alten niederländischen Meister im Rijksmuseum und die Bilder im Van Gogh Museum interessanter und wichtiger für Amsterdam sind als die internationale Moderne Kunst in den anderen Museen.«

»Und? Zu welchem Ergebnis seid ihr gekommen?«, fragt Tomke.

»Eigentlich noch zu gar keinem«, meint Anne und lächelt. »Dann kamst ja du – mit deinen *friet speciaal.*«

»Also, ich finde, Moderne Kunst kann man überall auf der Welt anschauen«, mischt sich ein junger Engländer ein. »Aber hier in Amsterdam die niederländische Kunst des Goldenen Zeitalters ansehen – das ist etwas Besonderes!«

»Ach nein«, widerspricht Adrian, ein Niederländer, der direkt hinter Anne und Tomke sitzt. »Ohne die Moderne Kunst wäre es doch todlangweilig hier.«

»Es gibt ja auch viele zeitgenössische niederländische Künstler, die exzellente Arbeit leisten«, meint Anne. »Die sollten doch auch gefördert werden. Schließlich kann die Moderne Kunst verschiedene signifikante Bedeutungsebenen unserer Gesellschaft eruieren, und das ist sinnvoll, gerade weil das Leben in unserer technischen Welt so komplex ist. Die zeitgenössischen Künstler können divergente Konnotationen, ob individuell oder psychosozial, vielleicht sogar am besten artikulieren und manifestieren.«

»Vieles ist doch sowieso nur dahingeklackst«, widerspricht eine weitere junge Niederländerin, die Beeke heißt. »Ich gehe lieber ins Rijksmuseum. Das bringt mir mehr.«

Da hebt Tomke den Kopf: »Und du willst Kunst studieren? Malst du nicht selber? Du bist doch auch kein Alter Meister!«

»Ach, ich finde, über Moderne Kunst muss und darf ruhig kontrovers gestritten werden«, mischt sich Anne wieder ein, »davon lebt die Kunst doch! Nur, weil über Kunst diskutiert wurde, gab es überhaupt Weiterentwicklungen. Oder glaubt ihr, es hätte einen Fauvismus, Aquatinta, Color-Field-Painting, Assemblage, Impasto, Junk-Art, Op-Art jemals gegeben, wenn nicht darüber diskutiert worden wäre? Ich könnte euch noch viel mehr Beispiele aufzählen ...«

»Nee, lass mal«, sagt Adrian und packt seinen Rucksack, »ich muss los.«

»Ich auch.«, stimmt Beeke zu und steht auf.

»Ähm, also, willst du auch gehen?« Anne schaut Tomke etwas verunsichert an. »Wir wollten doch eigentlich alle zusammen im *Blauwe Theehuis* einen Kaffee trinken ...«

»Nein, ich bleibe.« antwortet Tomke. »Aber auf die Diskussion habe ich auch keine Lust mehr!«

Was ist da schiefgelaufen?

Anne ist bei den Niederländern diesmal nicht gut angekommen. Beeke und Adrian haben das Feld fluchtartig verlassen, auch Tomke wollte Anne nicht weiter zuzuhören. Warum?

Sind Annes Aussagen zur Modernen Kunst so falsch gewesen? Haben sich die anderen Kunststudenten so über Anne aufgeregt, dass sie es nicht mehr ausgehalten haben? Hat Anne die Niederländer irgendwie verletzt? Was war da los?

Anne hat jedenfalls nichts Falsches gesagt: Gerade in den Niederlanden gibt es eine ausgeprägte Gesprächskultur – die Stimmen dürfen ruhig bunt sein und sich voneinander unterscheiden. Niemand rennt einfach davon, wenn die Meinungen auseinandergehen. Daran hat es also nicht gelegen.

Anne hat sich in der Diskussion mit ihren Kommilitonen vielmehr dadurch unangenehm abgehoben, dass sie sehr viele Fachbegriffe benutzt hat. Laien können mit diesen Begriffen wenig anfangen – auch in Deutschland hätte mancher Zuhörer über die lange, unkommentierte Aneinanderreihung von Spezialvokabeln verwundert den Kopf geschüttelt. Aber

Anne war ja nicht unter Laien, sondern umgeben von anderen Kunststudenten.

In einem Land, in dem schon Titel und Anzüge schnell als angeberisch erscheinen, kommt Anne mit diesem Diskussionsstil aber auch unter »ihresgleichen« schlecht an. Denn mit einer solch künstlichen, unnatürlichen Sprache setzt sie sich von den anderen ab; sie kreiert einen kleinen, ausgewählten Zirkel, in dem nur sie und die wenigen Zuhörer einen Platz finden, die sie noch verstehen.

In den Niederlanden gilt eine mit Fremdwörtern und Fachbegriffen gespickte Redeweise deshalb als unbescheiden und respektlos gegenüber denjenigen, die diese Fachbegriffe nicht kennen und somit ausgeschlossen werden. Beeke und Adrian haben wahrscheinlich wegen dieser Form der Rede die Flucht ergriffen – nicht unbedingt deshalb, weil sie Anne nicht verstanden haben. Das Zuhören war ihnen schlichtweg unangenehm, dazu hatten sie keine Lust.

So ist's *oranje*

Bei der nächsten Diskussion, sei es im Gras sitzend, sei es in einem Kursraum der Kunstakademie, sollte Anne vor allem eines tun: sich entspannen. Anne sollte unter Niederländern allen akademischen Dünkel abwerfen und frei und ohne Hemmungen losreden. Dann wird man ihr auch gerne und geduldig zuhören – egal, ob sie mit ihrer Meinung aneckt oder nicht.

Wenn Anne allerdings weiter mit Fachbegriffen um sich schmeißt und sich als wandelndes Lexikon aufführt, wird sie den Eindruck erwecken, dass sie auftrumpfen will, sich vor den Kommilitonen wichtig machen will, dass sie allen anderen, die ihr zuhören, einmal zeigen will, wie belesen und klug die deutsche Gaststudentin ist.

Damit wird sie allerdings das Gegenteil erreichen: Sie wirkt nämlich mit einer solchen Form, zu sprechen, nicht klug, sondern leicht abgehoben. Und wenn sie sich nicht klar und deutlich ausdrücken kann, was hat sie dann überhaupt zu sagen? Schließlich liegt die Kunst des Ausdrucks gerade darin, etwas einfach, klar und deutlich zu formulieren: so, dass man selbst noch weiß, was man sagen will, so, dass auch andere einen verstehen und beim Zuhören nicht gelangweilt vom Stuhl kippen – oder den Rucksack packen und abhauen.

Ik heb trek in patat – Hunger auf Pommes

Neben den bekannten Fleischsnacks *kroket* und *frikandel* sind es v.a. die Fritten – niederländisch *friet* oder *patat* – die bei den Niederländern hoch im Kurs stehen. Die fettig-heißen Kartoffelstäbchen sind hier mehr als nur Beilage: Hier stehen die Pommes im Mittelpunkt, der Rest ist Beiwerk. Anders als in Deutschland, wo Pommes frites meist nur rot-weiß gegessen werden, d.h. mit Majonäse und Ketchup, werden *friet* bzw. *patat* in den Niederlanden mit den verschiedensten Soßen und Beilagen serviert. Hier eine kleine Auswahl:

- *friet speciaal:* Pommes mit Majo, Curryketchup und gehackten rohen Zwiebeln
- *friet saté* bzw. *friet pindasaus:* Pommes mit heißer Erdnusssoße
- *friet oorlog:* Pommes mit Majo, Zwiebeln und Erdnusssoße – vielleicht wegen dieser wilden Mischung wörtlich »Pommes Krieg«
- *friet knoflook:* Pommes mit Knoblauch
- *friet shoarma:* Pommes mit Dönerfleisch
- *friet joppiesaus:* Pommes mit Curry-Zwiebel-Senf-Soße

Einladung am Abend

»Das ist ja wie im Märchen!«

»Meiner Meinung nach ist das hier alles etwas zu idyllisch.« Tomke schaut zu Anne hinüber, die neben Adrian, Beeke und drei weiteren Studenten der Kunstakademie an der Reling eines kleinen Grachtendampfers steht: »Mir graut es immer ein bisschen, wenn etwas nach außen hin so schön wirkt. Darunter erwarte ich dann immer irgendwas Fieses. Wie im Horrorfilm: Das wundervoll gelegene Haus am See, in dessen Keller etwas Furchtbares lauert ...«

»Tomke, du Freak«, lacht Adrian, »genieß doch einfach den warmen Sommerabend, die Sonne, die Grachten und die schönen Häuser. Da, zum Beispiel dieses Reetdachhaus. Das ist einfach nur ... na ja: schön – mehr nicht.«

»Ja, ja, schon gut.« Tomke guckt muffelig zu dem Reetdachhaus hinüber. Wenn es nach ihr gegangen wäre, das hat sie schon etwa zehnmal gesagt, hätte die Abschlussveranstaltung des Sommerkurses in einem Café oder einer Bar in Amsterdam stattgefunden und nicht hier, bei Jorina Vandenhoeck, der Dozentin ihres Kurses über niederländische Malerei im 17. Jahrhundert, zu Hause – im idyllischen Städtchen Giethoorn.

»Zwei Stunden sind wir jetzt schon unterwegs!«, schimpft Tomke. »Warum hat uns Jorina auch um acht Uhr abends zu sich eingeladen? Wir müssen den ganzen Weg doch auch noch zurück!«

Na ja, wenigstens hat Adrian sie, Tomke und Beeke mit dem Auto mitgenommen, denkt sich Anne.

Grünes Venedig: Giethoorn

Neben Amsterdam gibt es noch eine zweite Stadt in den Niederlanden, die mit Venedig assoziiert wird: Giethoorn, ein kleiner Ort im Norden der Provinz Overijssel, gelegen im Nationalpark und Sumpfgebiet Weerribben-Wieden, etwa eineinhalb Autostunden nördlich von Amsterdam – eine Stadt ohne Straßen, in der strohgedeckte Häuser aus dem 18. und 19. Jahrhundert das Bild prägen – und v.a. unzählige Grachten und Brücken. Der Ort ist für Autos nicht passierbar – mit sogenannten *fluisterbootjes* (»Flüsterboote« mit Elektromotor) schippern ungefähr eine Million Touristen pro Jahr über die Gewässer. Aber auch mit dem Fahrrad oder zu Fuß lässt sich das Dorf gut erkunden und die autofreie Luft des »grünen Venedigs« genießen.

Neben den Reetdachhäusern können alte Torfgräberhäuschen, wunderschöne Gärten und auch verschiedene Museen besichtigt werden, z.B. das Bauernhofmuseum *'t Olde Maat Uus*, in dem über 100 Jahre traditionelles Leben und Arbeiten auf einem niederländischen Bauernhof besichtigt und nachvollzogen werden können.

Die vielen Touristen kommen übrigens nicht nur wegen der idyllischen Kulisse und der reinen Luft, sondern auch aus einem anderen Grund: Eine im Jahr 1958 in Giethoorn gedrehte Filmkomödie (*Fanfare* von Bert Haanstra) machte den Ort weit über die Grenzen der Provinz Overijssel und auch der Niederlande bekannt.

»Komm, sei doch nicht so negativ!« Anne knufft die Freundin in die Seite. »Also, ich finde es hier wirklich sehr nett!«

Anne sieht sich um. Es gefällt ihr hier. Sicher, das Örtchen ist eine klassische Touristenfalle, es ist nicht gerade cool hier. Aber dieses saftig leuchtende Grün der Wiesen und Bäume ist einfach sagenhaft! Da kann sogar die neuseeländische Auenland-Kulisse der bekannten Filmtrilogie *Herr der Ringe* kaum mithalten!

Außerdem freut sich Anne, dass Jorina Vandenhoeck die Gruppe eingeladen hat. Ein echtes niederländisches Abendessen hat sie noch nie erlebt! Sie hat heute extra auf das Mittagessen verzichtet, damit sie ordentlich Hunger hat und nicht etwa einen halbvollen Teller stehen lassen muss. Schließlich weiß sie ja inzwischen, dass die Niederländer abends warm essen und nicht mittags.

Was es wohl zum Essen gibt? Vielleicht *pannenkoeken?* Mit Speck, Äpfeln oder gar mit Pilzfüllung? Mit dickflüssigem *stroop* (Sirup) oder klebrigem, typisch niederländischem *bruine suiker* (brauner Zucker)? Von den riesigen goldgelben, knusprigen *pannenkoeken* aus der niederländischen Küche hat sie schon viel gehört. Es wird Zeit, endlich mal einen zu probieren, wenn nicht heute, dann in einem *pannenkoekenhuis,* davon gibt es in Amsterdam gleich mehrere – zum Beispiel in der Prinsengracht, in der Nähe der Universität oder nordöstlich vom Vondelpark.

Eine Stunde später sitzt Anne mit Tomke, Adrian, Beeke und den anderen Kommilitonen im Wohnzimmer von Jorina Vandenhoeck. Eine gedeckte Tafel hat Anne bis jetzt nicht entdeckt und Essensgeruch liegt auch nicht in der Luft. Annes Hunger ist inzwischen riesig. Hoffentlich hat Jorina Vandenhoeck wenigstens ein paar kalte Snacks und Salate vorbereitet!

In diesem Moment betritt Jorina den Raum – mit einem großen Tablett. Endlich, denkt Anne! Doch was ist das? Auf dem Tablett stehen nur Tassen – mit Kaffee! Möchte sie überhaupt Kaffee, auf ihren leeren Magen, der bereits allerlei Geräusche und Töne von sich gibt? Jetzt bringt Jorina ein zweites Tablett in den Raum – ah, mit kleinen Tellern. Anne richtet sich erfreut auf.

Kurz darauf hält sie einen Teller mit einem kleinen Stück Obstkuchen in der Hand. Zugegeben: Der Kuchen sieht ganz *lekker* aus. Aber lieber wäre ihr ein herzhafter Snack gewesen. Anne tippt mit der Gabel an den Kuchen – in diesem Moment zieht sich ihr Magen zusammen und gibt ein glucksendes Geräusch von sich, erst leise, dann wird es lauter und noch lauter, bis es schließlich in einem scheinbar endlos langen, merkwürdig zittrigen Pfeifton endet. Anne drückt mit der Hand auf ihren Bauch. Hat jemand etwas gehört? Zuckt da nicht Adrians Mundwinkel verräterisch? Sieht nicht Beeke mit strafendem Blick zu ihr hinüber? Anne zerteilt schnell den Kuchen und steckt sich ein großes Stück in den Mund.

Da stellt die Dozentin einige kleine Gläser mit einer klaren Flüssigkeit auf den Tisch. »*Een slokje?*« (Ein Schlückchen?), fragt sie in die Runde und zwinkert ihren Studenten zu.

Was soll das denn? Anne schüttelt unmerklich den Kopf. Zuerst gibt es kein richtiges Essen und dann wird Hochprozentiges eingeschenkt? Das machen doch nur Trinker. Was ist bloß mit Jorina los?

Was ist da schiefgelaufen?

Anders als Anne es vermutet, ist ihre Dozentin keine Trinkerin. Und auch sonst verhält sich Jorina Vandenhoeck keineswegs ungewöhnlich, sondern typisch niederländisch: Laden Privatleute abends zu sich nach Hause ein, ist das in den Niederlanden nicht zwangsläufig eine Einladung zum Abendessen. Denn eine warme Mahlzeit vorzubereiten, ist für die niederländische Gastfreundschaft kaum von Bedeutung (siehe Kapitel 11: »Kekschen zum Kaffee«, S. 78). In Deutschland dagegen ist eine Abendeinladung meist mit einem üppigem, oft sogar mehrgängigen Essen verbunden. Ja, es gilt sogar als ausgesprochen unhöflich und ungastlich, dem für 20 Uhr geladenen Gast keine (warme) Speise zu servieren.

In den Niederlanden kann man als Gast nur dann mit einer warmen Mahlzeit rechnen, wenn die Einladung für 18 Uhr oder 18:30 Uhr ausgesprochen und ein gemeinsames Essen explizit angekündigt wird. Wer eine »normale« niederländische Einladung für den Abend erhält, das heißt für 20 Uhr, wird dagegen mit einer Tasse Kaffee und einem Stück Kuchen beglückt – und vielleicht mit einem geselligen Gläschen Jenever.

Deutsche in den Niederlanden haben ebenso wie Niederländer, die nach Deutschland auswandern, anfangs durchaus Mühe, sich diesen unterschiedlichen kulturellen Gepflogenheiten anzupassen. Nicht selten hört man Niederländer aufgeregt von einer Abendeinladung bei deutschen Bekannten berichten: Wie üblich sei man – satt und rund – um etwa 20 Uhr bei den Gastgebern erschienen und habe mit Bestürzung zur Kenntnis genommen, dass eine reich gedeckte Tafel auf einen gewartet habe. Aus Höflichkeit ein mehrgängiges Menu zu verspeisen – diese Erfahrung ist wohl genauso unangenehm wie das Hungergefühl, das Anne soeben ertragen musste.

So ist's *oranje*

Wenn Anne das nächste Mal von Niederländern eingeladen wird, sollte sie genau auf die Uhrzeit achten: Eine Einladung um acht Uhr abends ist eine Einladung ohne warmes Essen – serviert werden meist Kaffee, Kuchen und eventuell ein alkoholisches Getränk wie ein Jenever, ein Glas Wein oder ein Bier. Wenn Anne dagegen um sechs Uhr abends eingeladen wird, kann sie schon eher mit einer warmen Mahlzeit rechnen. Wenn sie ganz sicher gehen will, sollte sie einfach nachfragen.

Falls Anne schon etwas früher, etwa um fünf Uhr nachmittags eingeladen wird, kann sie sich mit einiger Sicherheit darauf freuen, einen typisch niederländischen *borrel* (Umtrunk, Schnäpschen) zu erleben. Der *borrel* ist eine niederländische Besonderheit, dauert in der Regel zwei Stunden und kann jeden treffen: nicht nur Verwandte und gute Freunde, sondern auch Geschäftspartner und entferntere Bekannte, denn er eignet sich aufgrund seiner lockeren, offenen Form besonders gut dazu, eine Person ungezwungen näher kennenzulernen. Der *borrel* ist ein geselliges Zusammentreffen an einem Ort der Wahl – das kann das heimische Wohnzimmer sein oder der eigene Garten, es kann aber auch eine Kneipe oder sogar das Büro sein. Ein *borrel* kann aus einem Glas Wein oder einem Bier mit ein paar Tellern Nüssen oder belegten Broten bestehen – aber auch aus einem raffinierten Buffet mit Champagner und anderen Leckereien.

Die kleinen Happen, die bei dieser Gelegenheit serviert werden, nennt man *borrelhapjes*. Dem Einfallsreichtum sind hier keine Grenzen gesetzt – serviert wird, was schmeckt und gelingt: kleine belegte Brote, gekochte Eier, auch *kroketten* und *frikandellen* können als *borrelhapjes* gereicht werden, wobei in diesem Zusammenhang die kleineren *bitterballen* bevorzugt werden. Weitere schmackhafte und typisch niederländische *borrelhapjes* sind *nasi*- oder *bamiballen* (kleine Kugeln aus gebratenem indischen Reis oder Nudeln), kleine *loempia's* (eine Art Frühlingsrolle) und die beliebten *poffertjes.*

Mmh, *poffertjes!*

Als eine der beliebtesten niederländischen Leckereien gelten die *poffertjes:* kleine, in Fett gebackene Pfannküchlein, die sich neben ihrer Größe auch dadurch von den normalen *pannenkoeken* unterscheiden, dass sie ein wenig süßer sind und in der Mitte einen weichen, nicht vollständig durchgebackenen Kern haben. Original niederländische *poffertjes* werden aus einer Mischung aus Weizenmehl, Buchweizenmehl, Hefe, Milch und Salz zubereitet und mit Butterflocken sowie reichlich Puderzucker serviert. Es gibt auch die Variante für Faulpelze, bei der die Hefe durch Backpulver ersetzt und auf Buchweizenmehl verzichtet wird, aber diese Küchlein schmecken einfach nicht so *lekker,* wie das Original!

Die *poffertjes* werden mit einer speziellen *poffertjespan* (*poffertjes*-Pfanne) zubereitet: Statt einer glatten Oberfläche verfügt diese recht hohe Pfanne über bis zu 18 Einbuchtungen, in die der Teig gefüllt wird und mit einmaligem Wenden goldbraun gebacken wird.

19 Gefeliciteerd!

Eine Woche später will Anne alles richtig machen: Sie hat Geburtstag, und das möchte sie nutzen, um den niederländischen Gästen einmal zu zeigen, wie in Deutschland bewirtet wird. Von wegen *ein* Keks!

Obwohl es ihr Geburtstag ist, steht Anne deshalb schon frühmorgens in der kleinen Küche unterm Dach und hört dabei Musik – in dem großen Geburtstagspäcken aus Deutschland, das sie am Morgen geöffnet hat, war das neue Album von Tom Waits. Anne rührt Teig, streicht Schokoladenmasse glatt, wäscht Beeren, füllt Formen, streut Puderzucker. Als alles fertig gebacken ist, deckt sie den Tisch, den sie in die Mitte des Raums gestellt hat: Zuerst kommt das weiße Tischtuch, bestreut mit ein paar Rosenblättern, dann fünf Teller, fünf Kaffeetassen, fünf Sektgläser, die Schokoladentorte, der extra nussige Nusskuchen, die selbstgebackene Limburger Torte und die kleinen Schälchen mit frisch geschlagener Schlagsahne.

Puh. Etwas geschafft, aber zufrieden hüpft Anne, nachdem sie sich ihr neues geblümtes Sommerkleid angezogen hat, für eine kurze Pause auf ihr Bett. Jetzt können die Gäste kommen: ihre lustige Freundin Tomke, die englische Nachbarin Emma und Jeroen mit seinem besten Freund Bente, dem Anne heute zum ersten Mal begegnen wird.

Kaum liegt sie, klingelt es auch schon. Anne läuft zur Tür. »*Hoi Jeroen!* Du bist der Erste. Komm rein!«

»*Gefeliciteerd, Anne*«, sagt Jeroen, verteilt die drei obligatorischen Luftküsschen und drückt ihr einen kleinen Umschlag in die Hand. »Ich wünsche dir alles Gute!«

»Vielen Dank!« Anne will gerade die Tür schließen, da hört sie von unten schon die nächsten Schritte: Emma und Tomke stecken fröhlich die Köpfe um die Ecke und rufen: »*Happy birthday to you, happy birthday to you!*« Oben angekommen überreichen sie Anne jeweils ein kleines verpacktes Geschenk.

Anne macht sie alle miteinander bekannt: »Das ist mein Cousin Jeroen, zumindest um drei Ecken – das ist Tomke, meine verrückte Kunstfreundin, und das ist Emma, meine englische Nachbarin, die leider in drei Wochen nach Bristol zurückreist.«

»*Gefeliciteerd, Jeroen!*« Tomke gibt Jeroen die Hand. »Ich hab schon viel von dir gehört.«

Sehr witzig, denkt Anne. Übertreiben muss Tomke ja nun auch nicht. Warum gratuliert sie denn Jeroen? Ich habe doch Geburtstag, nicht Jeroen.

»Wann kommt denn Bente eigentlich?«, fragt sie Jeroen.

»Hier bin ich schon!«, ertönt in diesem Moment eine Stimme. Anne dreht sich um. Das also ist Bente, der dort mit blonden, glatten Haaren, grünen Shorts und einem noch grüneren T-Shirt durch die Tür kommt.

»Bist du Anne?«, fragt Bente und wirft ihr mit seinen ebenfalls grünen Augen einen fröhlichen Blick zu. »Herzlichen Glückwunsch! Hier, die sind für dich!«

Bente drückt Anne einen Strauß Blumen in die Hand. Blumen, freut sich Anne, wie schön!

»*Gefeliciteerd, Jeroen!*« Bente geht auf Jeroen zu und schüttelt ihm die Hand.

Anne wundert sich. Hat sie irgendetwas verpasst? Wieso gratuliert jetzt auch Bente Jeroen?

»Hast du auch Geburtstag?«, fragt Anne zu Jeroen gewandt.

»Ja, jeden Tag«, grinst der und wirft dann einen Blick auf den Kuchentisch: »Mann, du hast aber aufgefahren. Wie viele Gäste kommen denn noch?«

Vielleicht habe ich wirklich übertrieben, denkt Anne nach etwa einer Stunde. Sie blinzelt über ihr Sektglas und schaut in die kichernde Runde. Vom Sekt und vom Kaffee haben alle reichlich getrunken – auch Anne fühlt sich ein bisschen *aangeschoten* (beschwippst). Die Laune ist bestens. Bente hat sich als intelligenter Spaßvogel entpuppt, der zusammen mit Tomke die ganze Runde unterhält. Nur vom Kuchen haben alle nur ein Stück gegessen. Die Gäste sitzen auch nicht mehr an der schön gedeckten Kaffeetafel, sondern haben sich ihre Stühle geschnappt und hocken in einer Art Halbkreis am Fenster. Ob ihnen mein Kuchen nicht schmeckt, fragt sich Anne. Oder irgendwas ist damit – vielleicht riecht er schlecht? Aber ihr erstes Stück haben doch alle aufgegessen, bis auf den letzten Krümel!

Was ist da schiefgelaufen?

Anne hat zu ihrem Geburtstag Gäste eingeladen und sich sehr viel Mühe mit der Vorbereitung gegeben: Sie hat, wie es in Deutschland üblich ist, Kuchen gebacken und den Tisch schön gedeckt. Das kam sicher sehr gut an. Das Verhalten der Gäste hat also nichts damit zu tun, dass Ihnen der Kuchen nicht schmeckt, dass er gar schlecht riecht oder irgendetwas anderes Annes Gäste stört – es hat einen anderen Hintergrund: Ein Geburtstag wird in den Niederlanden einfach ganz anders gefeiert als in Deutschland. Der kulturelle Unterschied zwischen den beiden Nachbarländern ist hier wieder einmal überraschend groß, größer als zum Beispiel zwischen Frankreich und Deutschland!

Das beginnt schon damit, wie Anne verwundert feststellen musste, dass nicht nur das Geburtstagskind beglückwünscht wird, sondern außerdem alle, die dem Jubilar oder der Jubilarin nahestehen, also Ehemann, Ehefrau, Mutter, Vater, Schwester, Bruder, Tochter, Sohn, Cousine und so weiter. Bei einem Geburtstag geht es also nicht nur um die eine Person, die ihren Ehrentag feiert, sondern es geht auch um alle anderen: Ein Geburtstag bietet endlich mal wieder einen Grund, sich gemeinsam zu freuen und so richtig *gezellig* zu sein!

Ein weiterer Unterschied besteht in der Vorbereitung und Durchführung des Festes: Kuchen backen? Kuchen auf den Tisch stellen? Sich selbst bedienen? Fehlanzeige! Serviert wird neben der obligatorischen Tasse Kaffee üblicherweise ein Stück (gekaufter) Kuchen, zum Beispiel ein Apfelkuchen *(appeltaart)*. Der Apfelkuchen steht dabei nicht auf einem gedeckten Kaffeetisch, sondern wird in der Küche auf Teller verteilt und den Gästen gereicht. Deshalb blieb Annes Kuchen zunächst stehen – schuld waren niederländische Gewohnheit und Höflichkeit zugleich. Aber wenn Anne aufmerksam ist und weiterhin Kuchen anbietet, nachdem ihre Gäste das erste Stück verspeist haben, werden auch die Niederländer bestimmt nicht Nein sagen und gerne ein zweites, drittes oder viertes Stück essen.

Richtet man die Kuchenstücke typisch niederländisch auf einzelnen Tellern an, wird auch die festlich gedeckte Kaffeetafel hinfällig. Tatsächlich nimmt man in den Niederlanden bei einem Geburtstag nicht um einen Tisch herum Platz, sondern gerne auf Stühlen, die – der Geselligkeit wegen – in einem Kreis stehen. Dort sitzt man dann, nippt am Kaffee, probiert den Kuchen, trinkt einen *jenever* oder ein *wijntje* und redet und quatscht was das Zeug hält. Das ist einfach was? Genau: *gezellig!*

Abraham sehen

Niederländer, die 50 Jahre alt werden, sehen Abraham oder Sarah. Abraham und Sarah? Richtig – das sind die Urgroßeltern des jüdischen Volkes und somit Figuren aus der Bibel. Im Johannesevangelium (8,57) wird Jesus die Frage gestellt: »Du bist noch nicht fünfzig Jahre und hast Abraham gesehen?« In Anlehnung an diese Bibelstelle entwickelte sich in den Niederlanden der Brauch, den 50. Geburtstag als »Abrahamstag« zu feiern: Abraham zu sehen, bedeutet in diesem Sinne, eine gewisse »Lebensreife« oder »Weisheit« zu erreichen – und das muss gebührend gefeiert werden!

Weil der Niederländer es aber gerne etwas lustig hat, werden den männlichen Jubilaren an diesem Tag Abrahamsfiguren geschenkt. Diese können klein sein und genäht, gestrickt oder aus würzigem, mit Nüssen verziertem Teig gebacken. Es kann aber auch sein, dass am Morgen des 50. Geburtstags vor dem Haus oder im Büro eine riesige aufgeblasene Abrahamsfigur oder eine aus Plastik oder Holz steht. Damit ist für alle offensichtlich: Hier ist jemand 50. Jahre alt geworden. Ist die Jubilarin eine Frau, wird – wenn auch deutlich seltener – eine kleine oder große Sarah aufgestellt oder ein Sarahkuchen überreicht. Übrigens gibt es den Brauch des Abrahamstages auch in kleinen Ortschaften des Ruhrgebiets, z.B. in Essen-Werden.

So ist's *oranje*

Für den Fall, dass Anne zu einer niederländischen Geburtstagsfeier eingeladen wird, kann sie sich mit folgenden Kennt-
nissen wappnen: Anders als in Deutschland, wo ein Geburtstag oft nachgefeiert wird, weil es am richtigen Geburtstag
irgendwie nicht passte, wird in den Niederlanden auch schon
mal vorgefeiert – da haben die Niederländer keine Hemmungen und folgen auch nicht dem Aberglauben, es würde Un-
glück bringen, einen Geburtstag vor dem eigentlichen Ter-
min zu feiern oder anderen bereits vorher zu gratulieren. Also
sollte Anne sich nicht wundern, wenn zum Beispiel Jeroen
an einem Samstag eine Party schmeißen würde, obwohl sein
Geburtstag erst an einem Dienstag oder Mittwoch ist.

Gratuliert wird bei der Geburtstagsfeier nicht nur dem Geburtstagskind – also zum Beispiel Jeroen – sondern auch den
anwesenden Verwandten und eng verbundenen Freunden.
Es heißt dann: »*Hartelijk gefeliciteerd met de verjaardag van je
zoon*« (oder *neefje, vriend* und so weiter). Deshalb würde man
auf Jeroens Geburtstag auch Anne die Hand schütteln und
sie beglückwünschen – sie ist ja eine *achternicht,* eine entfernte
Cousine. Jeroen selbst wäre als Geburtstagskind der sogenannte *jarige* und es ist sein *verjaardag* – Achtung: nicht verwechseln
mit dem *geboortedag,* denn damit bezeichnet man im Niederländischen nur den einen, unverwechselbaren Tag der Geburt.

Für den folgenden Teil der Feier braucht sich Anne nicht
sonderlich zu wappnen: Sie muss sich nur noch mit einer Tasse Kaffee und einem Stück Kuchen zu den anderen Gästen
gezellig auf einen Stuhl setzen. Vielleicht wird auch ein be-
kanntes Geburtstagslied angestimmt:

Er is er een jarig, hoera, hoera!
Dat kun je wel zien dat is hij.
We vinden het allen zo prettig, ja, ja,
En daarom zingen wij blij:
Hij leve lang, hoera, hoera!

(Da hat jemand Geburtstag, hurra, hurra!
Das ist sonnenklar, er hat Geburtstag.
Das finden wir alle so schön, ja, ja,
Und darum singen wir froh:
Er lebe lang, hurra, hurra!)

Wie in Deutschland ist es in den Niederlanden durchaus üblich, ein kleines Geschenk mitzubringen, nicht nur zu einer Geburtstagsfeier, sondern auch zu anderen Einladungen. Die Niederländer schenken zu solchen Anlässen – ähnlich wie die Deutschen – gerne Blumen, Pralinen, Wein, Bücher und so weiter. Der Beschenkte sollte dann sein Geschenk sofort auspacken, damit er sich gleich bedanken kann. In dem Umschlag, den Jeroen Anne überreicht hat, befand sich übrigens wahrscheinlich ein Gutschein – ein in den Niederlanden sehr beliebtes Geschenk.

Sich trauen!

Ein weniger alltägliches, aber umso wichtigeres Fest als der Geburtstag ist die Hochzeit. In den Niederlanden wird es – genauso wie in Deutschland – gebührend gewürdigt, wenn sich zwei Menschen *trouwen* (heiraten): Oft findet *de trouw* (die Trauung) zunächst im kleinen Familienkreis statt, um dann abends im großen Kreis gefeiert zu werden – z.B. auf einem gemieteten Schiff. Hier werden neben Familie und engen Freunden oft auch entferntere Kollegen aus Beruf, Verein oder Freizeit von *bruid* (Braut) oder *bruidegom* (Bräutigam) eingeladen, um mit allen ein großes, unvergessliches Fest zu veranstalten. Anders als in Deutschland gibt es auf dem *trouwfeest* (Hochzeitsfeier) meistens kein mehrgängiges Menü, sondern ein paar der beliebten *hapjes* (Häppchen).

Ansonsten feiern die Niederländer ähnlich, wie es auch in vielen anderen Ländern gemacht wird: Die Braut erscheint in einem weißen Kleid und bekommt vom Bräutigam einen Brautstrauß überreicht, das junge Paar fährt in einem Auto mit scheppernden Blechdosen umher und auch eine Hochzeitsreise ist in den Niederlanden inzwischen üblich.

Übrigens sind die Niederlande weltweiter Vorreiter, wenn es um die Ehe zwischen gleichgeschlechtlichen Partnern geht: Seit dem Jahr 2001 können homosexuelle Paare hier heiraten, nachdem bereits seit 1998 eingetragene Partnerschaften möglich waren. In Deutschland gibt es seit August 2001 zumindest den Weg einer eingetragenen Lebenspartnerschaft.

K(l)eine Organisationstalente

Schon auf Annes Geburtstagsfeier haben sie sich verabredet. Zwar haben alle etwas zu tief in ihr Glas Sekt geschaut, aber *das* haben trotzdem alle ernst gemeint: »Wir fahren zusammen in den Urlaub!«

Natürlich: Tomke hat die Idee gehabt. Aber auch Anne, Jeroen und Bente, der seine Augen kaum von der Gastgeberin abwenden konnte, waren von der Idee sofort begeistert. Nur Emma, die inzwischen wieder abgereist ist, hat etwas traurig danebengesessen.

Jetzt ist es bald so weit. In drei Tagen, am 15. August, soll es losgehen. Anne liegt abends im Bett und überlegt: Was muss gepackt werden? Was muss vorbereitet werden? Wohin genau soll die Reise eigentlich gehen? Vor wenigen Minuten hat sie mit Jeroen telefoniert. Er stellt sein Auto zur Verfügung. »Hast du noch mal nach dem Öl gesehen? Und hast du eine gute Versicherung?«, wollte Anne wissen.

»Klar, Anne, *dat zien we wel* (das wird schon), mach dir keine Sorgen!«, ist Jeroens knappe Antwort gewesen, bevor er aufgelegt hat.

Tomke stellt ihr Zelt zur Verfügung – ein Zelt mit zwei Innenkabinen: eine für die Frauen, eine für die Männer.

Anne schreibt auch Tomke eine SMS: »Hallo Tomke. Sollen wir das Zelt zur Sicherheit vorher noch mal aufbauen?«

»Nein, *dat komt wel goed* (das klappt schon). Ich habe es im Frühjahr erst benutzt«, schreibt Tomke zurück.

»Wollen wir uns nicht noch mal treffen, um alles zu besprechen? Was nehmen wir mit? Was müssen wir noch kaufen? Wohin fahren wir eigentlich genau?«, tippt Anne in ihr Handy.

»Bente hat doch an deinem Geburtstag schon gesagt, er kennt einen tollen Platz in Zeeland«, erscheint auf Annes Display.

Anne schaut mutlos auf ihr Handy. Dieses blöde Ding. Am liebsten würde sie es jetzt gegen die Wand werfen.

Irgendwie ist sie die Einzige, die den Urlaub vorbereiten will. Die anderen scheinen sich gar keine Gedanken zu machen. Nur sie versucht, irgendwas zu organisieren, damit in drei Tagen alles klappt. Man muss doch vorher ein paar Dinge klären, man kann doch nicht einfach so losfahren! Nachher stehen wir ohne Kochtöpfe und ohne Geschirr da, ohne Tisch und Stühle, ohne Luftmatratzen und Schlafsäcke, überlegt Anne. Aber von Jeroen und Tomke kommen immer nur Antworten wie: »Alles klar!«, oder: »Mach dir keine Sorgen!« Und von Bente, an den sie seit Wochen immerzu denken muss, kommt überhaupt nichts. Anne merkt, wie sie langsam nervös wird – das kann ja nur schiefgehen!

»Ich glaube, wir lassen es doch lieber mit unserer gemeinsamen Fahrt. Alles scheint euch völlig egal zu sein. Ihr freut euch gar nicht!«, schreibt Anne sauer in ihr Handy, gibt als Empfänger Jeroen, Bente und Tomke ein und drückt auf »Senden«. Dann dreht sie sich zur Wand und schließt die Augen.

Als nach einigen Minuten mehrere Piepstöne signalisieren, dass drei SMS angekommen sind, ist Anne bereits eingeschlafen. Erst am nächsten Morgen öffnet sie die Nachrichten und liest: »?«, »?«, und: »?«

Was ist da schiefgelaufen?

Anne hat ihre Freunde falsch eingeschätzt: Sie hat ihr Verhalten als Desinteresse interpretiert und ihnen vorgeworfen, sich nicht für den gemeinsamen Urlaub zu interessieren. Damit denkt, fühlt und verhält sie sich allerdings typisch deutsch: Deutsche – so wird es auch von Niederländern empfunden, die geschäftlich mit Deutschen verkehren – haben im Geschäfts-, aber auch im Privatleben den Drang, alle Dinge im Vorfeld genau zu planen, zu besprechen und festzulegen. Jede Unsicherheit soll ausgeschaltet, jedes Risiko minimiert werden.

In diesem Sinne hat auch Anne agiert: Sie möchte alles genau organisieren und gemeinsam mit ihren Freunden besprechen, was im Urlaub passieren wird. Das gibt ihr ein Gefühl von Sicherheit – und es ist gleichzeitig Ausdruck ihrer Vorfreude.

Niederländern – hier also Tomke, Jeroen und Bente – ist dieses Bedürfnis nach Planungssicherheit eher fremd. Ihnen ist das Ziel wichtig, der gemeinsame Urlaub. Eventualitäten und kleine Schritte auf dem Weg dorthin sind ihnen eher egal. Und man kann ja auch nicht jede Einzelheit schon vorher wissen und jedes Risiko im Voraus ausschalten. Natürlich werden unvorhersehbare Dinge passieren, doch das ist normal, meinen viele Niederländer; damit kann und wird man schon zurechtkommen. Wie sagt man so schön auf Niederländisch: *»Dat zien we te zijner tijd!«* (Frei übersetzt: Das klären wir dann schon.) Kurz: Niederländer vertrauen auf die Kunst der Improvisation.

So ist's *oranje*

Im weiteren Umgang mit ihren niederländischen Freunden muss Anne vor allem drei Dinge üben: Gelassenheit, Flexibilität und Vertrauen.

Gelassenheit braucht Anne, um den Urlaub zu beginnen, ohne alles im Vorfeld bis in das letzte Detail geplant zu haben. Flexibilität benötigt sie, um auf alle auftretenden unvorhersehbaren Situationen reagieren zu können. Und Vertrauen braucht sie, um Gelassenheit und Flexibilität überhaupt zulassen zu können: »*De rest komt wel!*« (Wird schon klappen!)

Anne sollte versuchen, ihr Streben nach Planungssicherheit ein Stück weit abzulegen. Vor allem aber sollte sie den niederländischen Freunden nicht länger unterstellen, sie würden sich nicht auf den Urlaub freuen, weil sie – aus ihrer Sicht – zu wenig vorbereiten. Schließlich sind die Niederländer auf ihre Fähigkeit, flexibel zu handeln und zu improvisieren auch ein bisschen stolz. Mit Ermahnungen und wütenden oder enttäuschten Anrufen bringt man sie von diesem Weg nicht ab. Vielleicht passiert sogar genau das Gegenteil: Bei der nächsten SMS oder beim nächsten Kontrollanruf verdrehen Tomke, Jeroen und Bente wahrscheinlich genervt die Augen.

Urlaub in »Holland«

Auch wenn die Niederlande eines der kleinsten Länder Europas sind, so sind sie doch ein beliebtes Urlaubsziel. Auch die Niederländer machen gerne Urlaub in ihrem Land: Schließlich ist die Anreise kurz, das Meer nah und die Vielfalt der Angebote groß. Von einem ausgedehnten Strandurlaub mit Segeltörn über sportliche Fahrradtouren durch das Land, Besuche von Freizeitparks und Museen oder gewachsenen Sehenswürdigkeiten wie

Windmühlen, Deichanlagen und Naturparks bis hin zu Städtereisen mit kulturellen Highlights wie Amsterdam, Rotterdam oder Den Haag – in den Niederlanden ist im Urlaub fast alles möglich.

Unterkünfte gibt es zahlreich – es gibt größere Ferienparks, Campingplätze oder Hotels, aber auch kleinere und individuellere Bungalows und Ferienhäuser, Häuser auf einer Insel, an der Küste oder im fruchtbaren Hinterland. Oder wie wäre es mit einem Urlaub auf einem gemieteten Hausboot, mit dem man durch die Grachten schippert – mitten in Amsterdam?

Wer sich für einen Strandurlaub entscheidet, sollte wissen, dass sich die niederländische Küste in drei Gebiete oder Gruppen unterteilt: in die zeeländische Küste im Süden des Landes, die Küste der Provinzen Nordholland und Südholland und die Inseln im niederländischen Wattenmeer, die – wie die Ost- und Nordfriesischen Inseln vor der deutschen Küste – zum Weltnaturerbe der UNESCO gehören.

Die Hunderte Kilometer lange Küste von Zeeland gilt als ein regelrechtes Paradies für Strandliebhaber. Wer einen sonnigen Niederlande-Urlaub erleben möchte, sollte es hier versuchen – z.B. in einem der Badeorte Cadzand, Dishoek, Domburg, Vlissingen, Renesse, Ouddorp, Oostkapelle oder Westkapelle: An diesen Fleckchen Erde scheint die niederländische Sonne am häufigsten. Aber auch im nördlicheren Teil der Niederlande – in Nord- und Südholland – finden sich reizvolle Strand- und Dünenlandschaften, die zum Wandern oder Radfahren einladen. Die Badeorte Katwijk, Noordwijk, Zandvoort oder Scheveningen, um nur einige zu nennen, sind berühmt und beliebt. Kleine Forscher zieht es aber wahrscheinlich in Richtung Wattenmeer und auf eine der fünf niederländischen Watteninseln Ameland, Terschellin, Texel, Schiermonnikoog oder Vlieland.

21 Land voller Frösche

»Kommt, wir machen einen kleinen Abstecher und zeigen unserer deutschen Touristin mal was typisch Niederländisches: den Keukenhof!«, sagt Jeroen, der am Steuer des kleinen Peugeot sitzt.

»Warum das denn?«, ruft Tomke von hinten. »Der Keukenhof ist nur im Frühling so richtig schön, ich glaube, er hat momentan sogar geschlossen. Lieber machen wir einen Umweg nach Kinderdijk in der Nähe von Rotterdam und zeigen Anne die Windmühlen. Was meinst du, Anne?«

Anne nickt und schaut selig lächelnd aus dem Fenster. Wenn es nach ihr geht, brauchen sie eigentlich nirgendwo haltmachen. Seit der kleine, blaue Peugeot bei ihr in der Egelantiersgracht vorgefahren und sie zu den drei Freunden ins Auto gestiegen ist, ist sie glücklich. Es ist zwar eng im Auto, Taschen und Schlafsäcke sind überall zwischen und unter die Sitze geklemmt, aber die Reise hat begonnen! Und schräg vor ihr sitzt Bente mit seinen grünen Augen und lächelt, wann immer er mit ihr spricht.

Tulpen und Windmühlen

Wenn man im Ausland über die Niederlande spricht, fallen oft zwei Begriffe: Tulpen und Windmühlen. Tatsächlich haben beide das Land und seine Geschichte in besonderer Weise geprägt und tun es noch immer. Die farbenprächtige Gartentulpe, niederländisch *tulp*, eine Blume aus der Gattung der Liliengewächse und ursprünglich v.a. im Mittleren Orient bekannt und geliebt, wurde in den Niederlanden seit dem 16. Jahrhundert als exotische und besonders dekorative Pflanze kultiviert und bald auch kommerziell vertrieben. Heute stammt über 80 Prozent der weltweiten Tulpenproduktion aus den Niederlanden. Über 1.000 Sorten werden auf fast 10.000 Hektar Land herangezogen, als Schnittblumen verkauft oder in Form von Tulpenzwiebeln vertrieben, die jeweils im Herbst an den Mutterpflanzen abgeerntet werden. Wer zwischen Ende März und Mitte Mai in die Niederlande, genauer: nach Nordholland, Flevoland oder an die langgestreckte Nordseeküste reist, dem wird sich ein Meer von Tulpen in allen erdenklichen, atemberaubenden Farben bieten. V.a. im weltberühmten Keukenhof, einem historischen Park auf einer Fläche von über 30 Hektar blühen im Frühjahr Tausende Tulpen und andere Frühlingsblumen. Die Gärten sind von Mitte März bis Mitte Mai geöffnet.

Neben den Tulpen prägen Windmühlen die niederländische Landschaft – jedoch nicht, weil in den Niederlanden so viel mehr Mehl gemahlen wird oder wurde als anderswo. Vielmehr spielten die Mühlen beim Kampf gegen Hochwasser und bei den Bemühungen, dem Meer neues Land abzutrotzen, lange Zeit eine zentrale Rolle: Sie sind nämlich eigentlich Pumpen und dienten schon vor Hunderten von Jahren dazu, die Gebiete hinter den Deichen, die Polder, zu entwässern und somit für die Landwirtschaft nutzbar zu machen. Zu diesem Zweck wurden die Mühlen mit einem Schöpfrad ausgestattet. Das Wasser konnte dadurch nach oben befördert und durch ein ausgeklügeltes Kanalsystem abgeleitet werden.

Heute sind die dekorativen Poldermühlen längst durch moderne Pumpanlagen ersetzt worden, doch sie bleiben zentrale Wahrzeichen der Niederlande: Erst mit ihrer Hilfe gelang es den Niederländern, ihr Land um fast ein Fünftel zu vergrößern. Kein Wunder, dass ein alter niederländischer Spruch behauptet: »Gott erschuf die Welt, aber die Holländer erschufen Holland.«

Die berühmtesten Poldermühlen der Niederlande stehen in Kinderdijk – sie wurden von der UNESCO zum Weltkulturerbe erklärt. Zu besonderen Anlässen werden sie manchmal noch in Gang gesetzt. Neben den Windmühlen von Kinderdijk lohnt auch eine Besichtigung der Windmühlen im Freilichtmuseum Zaanse

Schans oder der gigantisch großen Mühlen von Schiedam. Letztere wurden allerdings nicht zum Abpumpen eingesetzt, sondern industriell verwendet, z.B. bei der Herstellung der berühmtesten niederländischen Spirituose, dem Wacholderschnaps Jenever.

»Wir machen aber auf jeden Fall halt auf Oosterscheldekering, das liegt kurz vor unserem Campingplatz in Zeeland«, sagt Bente nach etwas mehr als einer Stunde Fahrzeit. »Wir können direkt auf dem Sturmflutwehr halten.«

»Ja«, stimmt Tomke zu und steckt sich zwei *dropjes* in den Mund, »dort gibt es ein tolles Museum, da lernt man alles über die Deltawerke.«

»Hast du denn überhaupt schon einmal etwas von den Deltawerken gehört?«, fragt Bente, dreht sich zu Anne um und blickt ihr etwas zu lange in die Augen.

Anne errötet, erwidert aber seinen Blick: »Sind ... sind das nicht diese riesigen Bauwerke im Meer, die als Schutzsystem gegen Hochwasser und Sturmfluten gebaut wurden?«

»Sehr gut!« Bente schenkt Anne ein strahlendes Lächeln. »Weißt du denn auch, wann und warum die Deltawerke gebaut wurden?«

Anne lächelt zurück: »Ich habe mal einen ziemlich guten, aber auch sehr traurigen Roman über die große Sturmflut 1953 gelesen, von der niederländischen Schriftstellerin Margriet de Moor. Darin geht es um eine Frau, die in der Flut stirbt. In Wirklichkeit sind damals, glaube ich, fast 2.000 Menschen und Hunderttausende Tiere ums Leben gekommen, oder?«

»Ja, das war eine ziemliche Katastrophe«, antwortet Bente. »Meine Großmutter hat die große Sturmflut in der Nacht vom 31. Januar auf den 1. Februar 1953 miterlebt. Überall brachen die Deiche, alles wurde vom eisigen Wasser über-schwemmt. Meine Tante wohnt heute noch an der Stelle, wo das Haus meiner Großeltern stand. Aber weißt du was? Vor Fluten hat sie keine Angst mehr, obwohl ihr Haus deutlich unter dem Meeresspiegel liegt. Ihr Haus ist nämlich ganz modern gebaut: Es kann schwimmen!«

Moderne Archen: *Floating Homes*

Überschwemmungen, Hochwasser, steigender Meeresspiegel? Immer mehr Niederländer zucken bei diesen Begriffen nur noch mit den Schultern: Zwar liegen viele Häuser direkt am bzw. auf dem Wasser und sind noch nicht einmal durch Deiche vor stei-gendem Wasser geschützt, doch das macht ihnen keine Angst: Ihre Häuser können wie kleine Schiffe schwimmen.

Hausboote sind natürlich schon lange bekannt. Auf den Ams-terdamer Grachten wohnen Menschen schon seit gefühlten Ewigkeiten auf ihren kleinen schwimmenden Heimen. Doch die modernen Schwimmhäuser, die sogenannten *Floating Homes* sind mehr: Sie stehen auf modernen Schwimmkörpern, bestehend z.B. aus wasserdichten Betonwannen oder aus einer schwimmfähigen Plattform aus Beton und Polystyrol. Bei Niedrig-wasser ruhen die Häuser auf dem Fundament. Steigt jedoch der Wasserspiegel, gleitet der Schwimmkörper mit allen Strom- und Wasserleitungen an Stahlpfeilern bis zu 5,5 Meter in die Höhe.

Auf diesen schwimmenden Platten werden »amphibische« Häuser in Leichtbauweise errichtet. Den Architekten sind kaum Grenzen gesetzt: Die Schwimmhäuser stehen ihren Verwandten auf dem Festland in Komfort und Raumangebot in nichts nach. Bewohnt werden oft deutlich mehr als 100 Quadratmeter, oft gibt es zwei Wohngeschosse, großzügige Küchen, Bäder, Balkone mit herrlichem Ausblick usw. Die Kosten für ein solches Haus lie-gen dabei nicht höher als bei Häusern auf festem Grund.

Inzwischen werden in den Niederlanden ganze Siedlungen die-ser schwimmenden Villen errichtet, z.B. in Maasbommel, Leeu-warden oder Rotterdam. Ideen für weitere Projekte sind zahl-reich – wer weiß, vielleicht gibt es bald eine kleine schwimmende

Stadt auf dem IJsselmeer? Auch im Ausland ist das Interesse groß: Nach den verheerenden Stürmen denken besonders Ingenieure aus den USA über neue Wohnkonzepte nach, mit denen man den Fluten trotzen kann – und blicken gespannt auf das kleine Land an der Nordsee.

»He, ihr beiden, wenn ich euch zwei *schatjes* (Schätzchen) kurz stören darf«, unterbricht Tomke sie. »Du solltest mal nach vorne schauen, Anne, wir fahren direkt auf den Oosterscheldekering zu. Die Aussicht solltest du dir nicht entgehen lassen! Wir lassen die Dünenlandschaft jetzt hinter uns, gleich siehst du auf der rechten Seite das Wasser mit seinen weißen Schaumkronen, wie es sich am Sturmflutwehr bricht. Über uns der weite Himmel – *zo mooi is ons kleine kikkerlandje!* (So schön ist unser kleines Froschland!)«

»Was, wir sind schon da?« Anne zieht erstaunt die Augenbrauen nach oben: »Mensch, euer *kikkerlandje* ist wirklich klein, kleiner als Bayern. Wir haben kaum eineinhalb Stunden gebraucht, um von Amsterdam in den Süden zu gelangen. Eigentlich seid ihr ja gar kein richtiges Land, nur ein Ländchen. So was wie das 17. Bundesland von Deutschland.«

»*Ik dank je feestelijk!*« (Vielen Dank auch!) Tomke wirft Anne einen verärgerten Blick zu. »Wenn wir so klein und unwichtig sind und nur ein *kikkerlandje* – warum bist du dann hier?«

Was ist da schiefgelaufen?

Dieses Fettnäpfchen kommt für Anne einerseits etwas überraschend, andererseits ist die Reaktion der Niederländer gar nicht so schwer zu verstehen. Zunächst einmal hat Anne die

Niederlande als *kikkerlandje*, als Froschland, betitelt. Aber was soll daran falsch sein – auch Tomke und überhaupt alle Niederländer umschreiben ihr Land gelegentlich so. Warum diese Reaktion?

Ganz einfach: Anne ist keine Niederländerin und hat den Begriff *kikkerlandje* nicht im selben Tonfall benutzt, wie es ein Niederländer getan hätte – nämlich äußerst liebevoll. Bei Anne klang die Verwendung des Begriffs im Zusammenhang mit dem, was sie sonst noch von sich gegeben hat, etwas überheblich. Als würde sie meinen: Ihr Niederländer seid die kleinen Frösche – wir Deutschen aber die großen Vögel, die euch mal eben verspeisen können, ohne auch nur mit der Wimper zu zucken.

Gerade wollten die Freunde Anne etwas zeigen, worauf sie als Niederländer zu Recht stolz sein können: die Deltawerke, die sogar zu den sieben architektonischen Weltwundern der Moderne gehören! Kann Anne das nicht anerkennen? Warum spielt sie gerade jetzt auf die kleine Größe der Niederlande an, fragen sich ihre Freunde. Außerdem fühlen Tomke und wahrscheinlich auch Bente und Jeroen sich in ihrem Nationalstolz beleidigt – die Niederlande ein Anhängsel von Deutschland? Niemals!

Weltwunder: die Deltawerke

Die Deltawerke bestehen aus einer Vielzahl gigantischer Bauwerke im Meer, die Teile der Niederlande, v.a. Abschnitte von Südholland, Nordbrabant und insbesondere Zeeland vor Hochwasser und Sturmfluten schützen. Anlass zum Bau gab die große Sturmflut im Jahr 1953, die heute als schwerste Nordseesturmflut des 20. Jahrhunderts gilt. Sie verwüstete große Teile der niederländischen, englischen und teilweise auch der belgischen Küste.

Eines der imposantesten Bauwerke der Deltawerke ist das neun Kilometer lange Oosterschelde-Sturmflutwehr (Oosterschelde-kering) in Zeeland; es ist normalerweise offen und wird nur bei Hochwasser oder bei Gefahr einer Sturmflut geschlossen. Ebbe, Flut und Salzwasser können so weiterhin ihren natürlichen Einfluss auf Flora und Fauna der Oosterschelde ausüben. Dieses Gebiet, in dem heute eine Vielzahl von Vögeln, Seehunden, Muscheln, Fischen und Pflanzen beheimatet ist, wurde mittlerweile zum Nationalpark erklärt. Das gigantische Oosterschelde-Sturmflutwehr mit seinen 62 Toren und 65 ins Meer gerammten Betonpfeilern ist übrigens noch relativ jung – es wurde erst im Jahr 1986 von Königin Beatrix eingeweiht.

Die Deltawerke wurden vor einigen Jahren vom größten US-amerikanischen Berufsverband der Bauingenieure in die Liste der Sieben Wunder der modernen Welt aufgenommen – u.a. neben dem Empire State Building in New York, der Golden Gate Bridge in San Francisco und dem Eurotunnel unter dem Ärmelkanal zwischen Frankreich und Großbritannien.

So ist's *oranje*

Als Gast in den Niederlanden sollte man Scherze über die Größe des Landes sparsam dosieren – auch wenn die Niederländer durchaus Witze dieser Art machen.

Denn wenn die Niederländer über ihr kleines Land lächeln, indem sie sich zum Beispiel selbst als *kikkerlandje* betiteln, so schwingt darin viel mehr mit, als nur die auf den ersten Blick etwas abschätzige wörtliche Bedeutung »Land der Frösche«.

Das Wort *kikkerlandje* klingt vielleicht abwertend, ist aber überhaupt nicht so gemeint. Es ist vielmehr eine liebevolle Umschreibung für ein Land, das zwar nasskalt, kühl und feucht und voller Frösche ist, das aber gleichzeitig für eben diese Frösche genau das richtige Land, das schönste Land der Welt ist: eine Heimat eben. Es gibt einfach keinen besseren Ort für diese Frösche als ihr kleines, genau richtig nasses Froschland. In dem Wort *kikkerlandje* klingt eine gehörige Portion Patriotismus mit!

Burgen im Sand

Das ist einer der schönsten Strände, die ich je gesehen habe, denkt Anne und rennt ins Wasser. Zuerst ist es etwas kalt, Anne zögert einen kurzen Moment, aber dann rennt sie weiter und springt kopfüber ins Meer. Über ihr schwappen die Wellen zusammen, sie wirbelt eine paar Mal um sich selbst, dann taucht sie wieder auf. Herrlich! Das Wasser prickelt leicht auf ihrer Haut, die Luft schmeckt salzig – einfach wunderbar!

Am Strand entdeckt sie Tomke in ihrem blau-weiß gepunkteten Bikini. Anne winkt. Wo sind Jeroen und Bente? Ach, sie rennen gerade ins Meer, direkt auf sie zu. Beide spritzen Wasser in Annes Richtung, Anne spritzt zurück, jetzt ist auch Tomke mit von der Partie und planscht wie wild in den Wellen.

Etwas später liegt Anne auf ihrem Handtuch am Strand des kleinen Badeortes auf der Halbinsel Walcheren und beobachtet, wie Jeroen und Tomke einige Meter von ihr entfernt mit einem Volleyball spielen. Neben ihr liegt ihr Skizzenbuch mit ein paar Blei- und Buntstiften. Die beiden Volleyballspieler mit ihren Bewegungen und Posen, überlegt sie, gäben doch ein gutes Motiv ab!

»Es regnet!« Anne zuckt zusammen, als Bente, der gerade aus dem Meer gekommen ist, ihren Rücken mit etwas Wasser beträufelt.

»Ist hier noch ein Plätzchen frei?«, fragt er und deutet auf die Stelle neben Anne.

»Ja, klar.« Anne richtet sich etwas auf und beobachtet, wie Bente in seiner riesigen bunten Badeshorts sein Handtuch auf den Sand wirft und sich lässig neben sie legt.

»Gefällt es dir hier?«, fragt er und schüttelt seine Haare aus der Stirn.

»Oh ja! Du hast wirklich einen wunderschönen Platz ausgesucht!«, antwortet Anne.

»Ich war als Kind oft in Oostkapelle«, sagt Bente. »Und du, wohin bist du früher in den Urlaub gefahren?«

»Ach, meistens nach Italien. Das Wasser an der Adria ist aber nicht so schön sauber wie hier.«

Anne blinzelt Bente an und zeichnet kleine Linien in den Sand. In Bentes Nähe spürt sie schon wieder dieses Kribbeln im Bauch.

»Ich mag dich«, sagt Bente. Auch seine Hand zeichnet Linien im Sand und Anne weiß gar nicht mehr, wohin sie blicken soll.

»He, ihr zwei *schatjes!* Wenn ihr nicht mitspielt, dann kommen wir eben zu euch.« Tomke schmeißt den Ball zwischen Anne und Bente und wirft sich lachend in den Sand. »Ach, ist das *mooi* (schön)! So ein schönes Plätzchen!«

»Kommt, lasst uns eine Sandburg bauen, hier um unsere Handtücher herum. Das habe ich als Kind immer gemacht«, ruft Anne und springt auf. Sie zieht mit dem Fuß einen großen Kreis um ihr Handtuch und das ihrer drei Freunde. Dann beginnt sie, mit den Händen einen Graben auszuheben, um damit einen kreisförmigen Wall aufzuschütten.

»Ach, ich weiß nicht. Ich geh noch mal ins Wasser« Bente

packt sein Handtuch und steht auf.

»Ich komme mit!« Jeroen rennt Bente nach.

»Baust du mit?«, fragt Anne zu Tomke gewandt.

»Lieber nicht.« Tomke wirft Anne einen merkwürdigen Blick zu. »Ich lege mich mal da drüben hin«, murmelt sie ungewöhnlich leise, greift ihr Handtuch und ihre Lakritztüte und hüpft über den Rand von Annes Sandburg.

Was ist da schiefgelaufen?

Diesmal ist Anne in ein Fettnäpfchen getreten, weil sie am Strand einer Beschäftigung nachgegangen ist, die im Ausland als typisch deutsch gilt: Sie hat eine Festung aus Sand um ihr Handtuch herum errichtet.

Vor allem Niederländer, aber auch die Einwohner anderer Nationen, haben diese deutsche Angewohnheit, um ihre Strandkörbe und Liegeplätze eine Art Schützengraben zu ziehen, mit hohen Sandwänden ihr Territorium abzugrenzen und mit Burgen regelrechte Wehrdämme zu errichten, schon immer etwas kritisch beäugt. Eigentlich ist diese Einstellung selbst kritikwürdig – schließlich geht es den meisten Deutschen, so auch Anne, beim Sandburgenbau lediglich um eine Art Zeitvertreib, um das Spielen im Sand, und nicht um Landgewinnung oder Eroberungsfeldzüge im Kleinen. Doch ändert das nichts an der Tatsache, dass manche Strandbesucher anderer Nationen dieses Klischee vor Augen haben und deswegen damit nicht in Verbindung gebracht werden wollen.

Vor allem die Niederländer, die ein großes Interesse daran haben, im Ausland, aber auch in den Niederlanden selbst nicht für Deutsche gehalten zu werden (siehe Kapitel 6:

»Typisch deutsch!«, S. 41), wollen vom Sandburgenbau nichts wissen. Deshalb haben auch Bente, Jeroen und Tomke das Weite gesucht, als Anne anfing, einen Kreis um den gemeinsamen Liegeplatz zu ziehen. So gerne sie Anne auch mögen: Wegen ihr als Deutsche durchzugehen – das ginge einfach zu weit!

So ist's *oranje*

Wenn Anne den Sandburgenkomplex ihrer Freunde erkennt, kann sie sich anders verhalten. Auch wenn sie die Reaktion von Tomke, Bente und Jeroen zu Recht als etwas übertrieben empfindet, kann sie sich so bewusst entscheiden, ob sie in den nächsten Tagen weiter große Sandburgen am Strand baut oder es lässt.

Es gibt aber einen einfachen kleinen Trick, mit dem sich die Vorbehalte der niederländischen Nachbarn gegenüber der angeblich typisch deutschen Marotte etwas entschärfen lassen: Wenn Anne darauf verzichtet, Sandwälle um ihren Liegeplatz herum zu errichten und stattdessen normale Burgen aus Sand baut – wer soll dann noch etwas sagen?

Denn Burgen, Tiere und anderen Formen aus Sand zu bauen, ist selbstverständlich nicht nur »typisch deutsch«. Auf der ganzen Welt gibt es jährlich stattfindende Strandfestivals, bei denen im Sand gebuddelt und gebaut wird, was das Zeug hält: Da entstehen verschlungene Fabelwesen im Sand, groteske Figuren, riesige Fratzen, faszinierende Skulpturen oder filigrane Burgen und Schlösser mit winzigen, fein modellierten Türmchen und Treppchen. Zu Recht ist hier dann von *sand art*, also Sand-Kunst die Rede.

Also, Anne, an die Schaufel, fertig, los: Bei einem kleinen Sandkunstwerk, zum Beispiel einer ruhenden Sphinx oder einer sitzenden Katze, ergreifen die niederländischen Freunde mit Sicherheit nicht die Flucht. Oder etwa doch?

Blaue Flaggen

Zeelands Küste ist dafür bekannt, sehr sauber zu sein. Das gilt insbesondere für den zeeländischen Badeort Oostkapelle: In verschiedenen Umfragen wurde der Strand von Oostkapelle als schönster der Niederlande bestimmt. Bei Badewasserqualitätstests (u.a. der Europäischen Union) haben die zeeländischen Strände sehr gut abgeschnitten – anders als z.B. einige niederländische Binnengewässer, die die vorgeschriebenen Werte teilweise nur knapp erfüllen. An den zeeländischen Küsten wehen vielerorts deshalb sogenannte Blaue Flaggen *(Blauwe Vlaggen)*. Diese Gütezeichen werden jedes Jahr von einer unabhängigen, international wirkenden Institution vergeben – an Strände und Yachthäfen, deren Wasserqualität konstant hoch ist.

Die niederländische Küche

Anne und Tomke kommen zurück von einem Einkaufsbummel bei Albert Heijn, der direkt neben dem Campingplatz eine seiner großen Filialen hat. Sie laufen über den kleinen Weg zurück zu ihrem Zelt, vor dem Jeroen und Bente an einem Klapptisch sitzen.

»Wisst, ihr was?«, ruft Anne, während sie mit einer Tüte in jeder Hand näherkommt, »heute lasse ich euch die ganze Arbeit alleine machen.« Sie lacht und ist gleichzeitig etwas außer Atem. »Tomke hat vorgeschlagen, dass ihr drei heute niederländisch kocht.«

»Gute Idee!« Bente und Jeroen springen auf und nehmen Tomke und Anne die Einkaufstüten aus der Hand. »Was habt ihr denn alles eingekauft?«

»Kartoffeln, Möhren, Zwiebeln, Speck und gaaanz viel *vla*«, antwortet Tomke. »Ich musste Anne erst mal erklären, dass das *vla* und keine Vanillemilch in Tüten ist. Stellt euch vor, Anne hat noch nie *vla* gegessen!«

»Dann wird es aber Zeit! Aber zuerst gibt's eine echte Spezialität – ich hab schon eine Idee!« Jeroen zündet den Gaskocher an und stellt einen Topf Wasser auf die Flamme.

»Ich habe schon richtig Hunger!« Anne setzt sich auf einen der Stühle. Da fällt ihr Blick auf Bentes und Jeroens Schuhwerk: »Sagt mal, was habt ihr denn da an den Füßen? Ich dachte, es wäre eine Legende, dass man die in den Niederlanden trägt.«

»Die *klompen?*« Jeroen und Bente drehen sich zu Anne um. »Die Holzschuhe sind absolut praktisch, vor allem bei der Gartenarbeit oder beim Zelten. Damit kannst du jeden Hering in den Boden drücken. Außerdem bist du schnell rein- und wieder rausgeschlüpft, und man kann damit durch jedes Schlammloch gehen, ohne dass die Füße nass werden!«

»Oh, darf ich mal probieren?«

Anne steht auf und schlüpft in Bentes große gelbe Holzschuhe. Bequem ist das nicht! Es drückt und sticht am Spann. Anne bewegt vorsichtig den linken Fuß und macht einen kleinen Schritt, dann hebt sie den rechten *klompen* und versucht, vorwärtszukommen. Das ist ja gar nicht so schwer, freut sie sich und blickt Bente fröhlich an: »Ich kann's … ich … aah …« Anne verliert das Gleichgewicht, der linke Holzschuh hat sich völlig verdreht, sie stolpert. Doch Bente macht einen Satz auf sie zu und fängt sie in seinen Armen auf. Ihr Gesicht ist ganz nah an seinem. Er grinst.

»Oh, danke.« Annes Wangen glühen. Wahrscheinlich ist sie knallrot angelaufen, denkt sie sich. Sie richtet sich schnell auf und gibt Bente die Schuhe zurück: »Dass ihr damit laufen könnt!«

Klompen

Im Mittelalter und in der Frühen Neuzeit waren Holzschuhe weit verbreitet, nicht nur in den Niederlanden, sondern z.B. auch in Deutschland und Frankreich: Sie waren eine günstige und stabile Alternative zum damals kaum erschwinglichen Lederschuh. Erst später, als Leder leichter verfügbar und billiger wurde, verschwand der Holzschuh aus den meisten Schuhregalen.

Aber nicht aus allen: Viele Niederländer schwören heute noch auf ihre *klompen,* auch wenn im Alltag, Beruf und auf der Straße natürlich die viel bequemeren Schuhe aus Leder in Gebrauch sind. Der Holzschuh hat demgegenüber den Vorteil, dass er wie ein Gummistiefel vor Nässe schützt, aber dennoch die Füße nicht schwitzen – eine nützliche Eigenschaft, wenn man in einem Land lebt, das zum Großteil unterhalb des Meeresspiegels liegt und entsprechend nass und feucht ist. Zudem kann der Holzschuh schnell an- und ausgezogen werden und ist dazu noch so robust, dass der Fuß bei der Gartenarbeit oder beim Camping zuverlässig vor Verletzungen geschützt ist. Außerdem – so eine Theorie – sind *klompen* schwimmfähig wie kleine Schiffe. Bei Hochwasser geht so ein Schuh garantiert nicht unter!

Wenig später sitzen alle vier am Tisch. Tomke stellt zufrieden lächelnd einen großen Topf auf den Tisch: »*Mmh, dat ruikt lekker ...*« (Das riecht gut). Sie schwingt eine Kelle und lädt sich eine große Portion auf. Dann greift sie nach Annes Teller und füllt auch diesen.

»Hier, probier mal!«, sagt sie und gibt Anne den Teller zurück.

»*Smakelijk!*«, sagt Jeroen und schaufelt sich gleich drei volle Kellen auf den Teller.

»*Gezellig*«, meint Bente zufrieden, öffnet eine Flasche Heineken-Bier und schiebt sich mit Genuss einen großen Löffel in den Mund.

Anne sitzt etwas unschlüssig am Tisch. Vor ihr steht ein Teller mit ... nun ja ... mit Brei. Die Farbe ist gelblich, nein: eher bräunlich. Sie rückt etwas näher an den Teller heran: Aus dem Brei ragen kleine glibberige Stückchen ... sind das Zwiebeln? An einer anderen Stelle erkennt sie auch rötliche Fleischfetzen.

In diesem Moment bemerkt sie, dass Tomke, Bente und Jeroen gespannt zu ihr herübersehen. Anne nimmt deshalb endlich ihre Gabel, kratzt zaghaft eine kleine Ecke des bräunlichen Breis ab und steckt sich die Gabel in den Mund. Sie kaut vorsichtig, entspannt sich dann etwas und sagt zu ihren Freunden: »Das ... na ja, das schmeckt schon gut. Schade nur, dass es euch so zerkocht ist. Sieht ein bisschen aus wie ... wie ... etwas unappetitlich halt. Aber das kann ja mal passieren ...«

»Wieso zerkocht?«, fragt Tomke spürbar gekränkt und brummt mit vollem Mund: »Der *stamppot* ist doch genau richtig!«

Was ist da schiefgelaufen?

Tomke, Bente und Jeroen haben Anne ein typisch niederländisches Essen zubereitet: *stamppot*, eine Art Brei aus Kartoffeln, Möhren, Zwiebeln und – in dieser Variante – mit Speck. Alles war genau so, wie es nach Art der Niederländer sein sollte: schön vermischt und zermanscht. Annes Kritik war somit eigentlich fehl am Platz – kein Wunder, dass die Köche beleidigt waren. Aber das konnte Anne aufgrund der unterschiedlichen Esskulturen kaum ahnen – ein Fettnäpfchen, wie es im Buche steht!

Für Deutsche, die ihre Kartoffeln gerne in Form kochen, ja: in deren Augen die Kunst des Kartoffelkochens üblicherweise gerade darin besteht, das Zermanschen der Erdäpfel zu vermeiden und das richtige Maß zwischen zu festen und zerfallenden Kartoffeln zu finden, ist die niederländische Art des Kochens, insbesondere der Kartoffelzubereitung tatsächlich etwas gewöhnungsbedürftig: In den Niederlanden werden Kartoffeln gerne weich gekocht – und zwar sehr weich; das geht so weit, dass mancher Niederländer den Kartoffeltopf nach dem Abgießen der fertig gekochten *aardappelen* einmal kräftig mit geschlossenem Deckel durchschüttelt, sodass kaum eine Kartoffel ganz bleibt. Und wo das nicht gelingt, wird auf dem Teller zerdrückt, zerquetscht und mit Soße zermanscht, was das Zeug hält – da fallen manchem wohlerzogenen Deutschen glatt die Augen aus dem Kopf.

Nach deutscher Tischsitte wird die Kartoffel nämlich anders behandelt. Damit auf dem Teller kein Matsch entsteht, kamen die Menschen früher sogar in Versuchung, die gelbe Köstlichkeit mit dem Messer zu zerschneiden. Das Metall des Messers oxidierte jedoch, verfärbte sich dunkel und versetzte der Kartoffel einen üblen Geschmack. Die Folge: Das Schneiden der Kartoffel mit dem Messer galt fortan als unfein. Diese Einstellung hält sich bis heute, obwohl das Problem durch Edelstahlmesser längst behoben ist. Das Zerteilen der Kartoffel mit der Gabel hat nämlich noch einen anderen Vorteil: An der Kartoffel entsteht kein glatter Schnitt, sondern eine leicht aufgeraute Bruchstelle – saugfähig und somit ideal für die Kombination der Kartoffel mit einer leckeren Soße. Das Zerdrücken in der Soße ist so gar nicht nötig – sehr fein!

Wörterbüchlein: Kleines Küchenalphabet

Niederländisch	Deutsch
de aardappelen	Kartoffeln
het avondeten	Abendessen
het bestek	Besteck
het bord	der Teller
drinken	trinken
eten	essen
het glas	das Glas
de groente	Gemüse
de jus	die Soße
de lepel	der Löffel

Niederländisch	Deutsch
het mes	das Messer
het middageten	das Mittagessen
het ontbijt	das Frühstück
de sla	der Salat
het toetje	der Nachtisch
het vaatwerk	das Geschirr
het vlees	das Fleisch
de vork	die Gabel
het zout	das Salz

So ist's *oranje*

Wenn Anne noch einmal von Niederländern bekocht wird, darf oder soll sie sich darauf einstellen, dass das Essen zu einem großen Teil aus Gemüse besteht und dass dieses Gemüse – seien es Kartoffeln, Möhren, Bohnen oder Grünkohl – nicht knackig und säuberlich voneinander getrennt auf dem Teller angerichtet wird, sondern vermischt und zerstampft. In diesen Fällen wird Anne nämlich ein sogenannter *stamppot* serviert. Das ist neben den berühmten *pannenkoeken* eines der beliebtesten Alltagsgerichte der niederländischen Küche.

Stamppot, was so viel bedeutet wie »Stampftopf«, ist eine Art Eintopfgericht, das schon in früheren Zeiten, in denen Brot und Fleisch oft knapp waren, als nahrhaftes Gericht auf den niederländischen Abendtisch gestellt wurde. Anders jedoch als der deutsche Eintopf, der flüssig wie eine Suppe ist, ist der *stamppot* ein festeres, sämiges und – um es etwas unappetitlich zu formulieren – breiartiges Gericht.

Stampotten können in verschiedenen Variationen zubereitet werden, mit allem, was die Saison oder der Supermarkt
hergibt, seien es Sellerie, Lauch, Brokkoli, Steckrüben, Spi-
nat oder auch *boerenkool* (Grünkohl). Kartoffeln sind meist
die Grundlage, es gibt aber auch Rezepte, die ohne Kartoffeln
auskommen; manche Stampftöpfe bestehen zum Beispiel nur
aus Frühlings- oder Sommergemüse. Trotz des großen Ge-
müseanteils ist der *stamppot* nicht als rein vegetarisches Gericht gedacht – eine kleine Fleischbeilage wie zum Beispiel
rookworst (Rauchwurst) findet meist auch ihren Weg in den
Topf. Je nach Zutaten werden die Stampftöpfe jeweils anders
bezeichnet, zum Beispiel als *hutspot*.

Ein solcher *hutspot* – wie Anne ihn kosten durfte – besteht
aus Kartoffeln, Möhren und Zwiebeln, die zunächst geputzt,
grob geschnitten und dann zusammen in einem großen Topf
sehr weich gekocht werden. Nach dem Abgießen des Wassers
wird alles mit einem geeigneten Küchengerät zerstampft, allerdings nicht zu einem feinen Brei, sondern zu einer Masse,
in der noch einzelne grobe Stücke erhalten sind.

Nachdem der *hutspot* mit Salz und Pfeffer abgeschmeckt
und mit Butter oder – wenn vorhanden – etwas Bratenso-
ße verfeinert wurde, wird das in der Zwischenzeit gekochte
oder angebratene Fleisch in Form von groben Würsten oder
Speckwürfeln unter die Gemüsemasse gemengt. Etwas appe-
titlicher anzusehen ist es jedoch, wenn Speckwürfel, Fleisch-
stücke oder Würste auf oder neben dem Gemüsebrei angerichtet werden.

Bodenständige Küche

Es wäre falsch, die Niederlande als eine Gourmetnation in demselben Sinne zu bezeichnen wie z.B. Frankreich. Die niederländische Küche ist eher bodenständig, nüchtern und deftig. Das Essen soll nach calvinistischer Art zwar schmecken und satt machen, aber der Wirbel darum darf nicht zu groß, der Zeitaufwand soll mäßig und die Kosten müssen überschaubar sein. Gerne isst der Niederländer Kartoffeln, Gemüse, Fisch oder ein *lekker* gebratenes Stück Fleisch. Und gerne wird das Essen als *stamppot* serviert.

Eine weitere niederländische Lieblingsspeise ist die *erwtensoep* (Erbsensuppe), die mit Speck und Kartoffeln zubereitet wird. Ein wichtiger Bestandteil der niederländischen Küche sind auch Milch, Butter und Käse. Ganz wild sind die Niederländer auf süße Mehlspeisen wie Pfannkuchen oder Waffeln. Oder sie stürzen sich auf Frittiertes wie die oben bereits vorgestellten *kroketten*, *frikandellen* und *bitterballen*.

Aufgrund des historischen Hintergrunds als ehemalige Seefahrernation und Kolonialmacht, aber auch durch die multikulturellen Einflüsse der inzwischen sehr vielseitigen niederländischen Gesellschaft werden gerne fremdländische Rezepte und Zutaten in den Speiseplan integriert. Das betrifft in erster Linie indonesische Einflüsse, da Indonesien als Niederländisch-Indien vom frühen 17. Jahrhundert bis 1945/1949 niederländische Kolonie war. Das zeigt sich z.B. in der niederländischen Eigenart, Pommes frites mit Erdnusssoße zu übergießen. Eine Einladung zum Essen bei einem Niederländer kann somit auch bedeuten, dass ein indonesisches Gericht als typisch niederländisches Gericht präsentiert wird, so z.B. Reis mit kleinen gegrillten Saté-Spießen (aus Hühner- oder Lammfleisch), die mit Erdnusssoße und kleinen Gurkenstückchen serviert werden.

24 Auf Empfehlung von

Bewerben und vorstellen

Der gemeinsame Urlaub mit den Freunden ging leider viel zu schnell zu Ende. Gedankenverloren steht Anne mit ihrem Fahrrad an der Egelantiersgracht und blickt auf das trübe Wasser. Einzelne Blätter treiben auf der Wasseroberfläche – der Sommer ist vorbei. Anne fröstelt. Sie vermisst die drei Freunde: Tomke, Jeroen und vor allem Bente. Ausgerechnet Bente musste gleich nach ihrer Rückkehr ins Flugzeug steigen und – für drei lange Monate! – in die USA fliegen.

»Ich mache im Rahmen meines Jurastudiums ein Praktikum in einer New Yorker Kanzlei«, hat er Anne am vorletzten Ferientag erzählt. »Ich würde ja absagen, aber es ist seit Monaten fest abgemacht.« Dabei hat er Annes Hände genommen und ihr in die Augen geschaut. »Aber im Dezember komme ich wieder. Dann haben wir noch einen ganzen Monat, bevor du wieder nach Deutschland gehst! Dann können wir uns richtig kennenlernen!«

Anne zählt schon jetzt die Tage. Heute ist erst Tag drei nach seinem Abflug! Wenn doch die Zeit schneller vergehen würde. Seit dem ersten Tag am Strand von Oostkapelle kann sie an kaum etwas anderes denken als an Bente. Den ganzen restlichen Urlaub hat sie sich so leicht gefühlt! So leicht und gleichzeitig komplett durcheinander. Sie konnte gar nichts dagegen tun: In seiner Nähe musste sie ständig lächeln. Und jetzt ist er weg! Bei diesem Gedanken stößt Anne mit ihrem Fuß einen kleinen Stein ins Wasser. Dabei summt sie das Lied *Anne* von Herman van Veen, das Jeroen mit einem frechen Grinsen auf der Rückfahrt in den CD-Player des Autos eingelegt hat:

Anne, de wereld is niet mooi,
maar jij kan haar een beetje mooier kleuren.
Anne, je hebt nog heel wat voor de boeg,
maak je geen zorgen,
daarvoor is het nog te vroeg, veel te vroeg …

(Herman van Veen: Anne, auf: Ders.: Anne, Polydor/Universal 1987, Track 1)

(Anne, die Welt ist nicht so schön,
doch du kannst sie ein bisschen schöner färben.
Anne, du kriegst noch manchen Schuss vor'n Bug,
sei unbesorgt, die Sorgen kommen früh genug, früh genug …)

Plötzlich fällt Anne ein, dass sie sich beeilen muss. Ihr Vorstellungsgespräch für ein Museumspraktikum beginnt gleich. *Stik de moord!* (Verdammter Mist!), wie Tomke sagen würde. Es ist schon kurz vor neun. Wenn sie jetzt nicht schnell macht, kommt sie zu spät. Anne schwingt sich auf ihr Fahrrad und saust, so schnell sie kann, die Straßen entlang, klingelt vereinzelte Touristen, die schon früh auf den Beinen sind, aus dem Weg, rast sogar einmal über Rot – dann ist sie da. Sie sieht auf die Uhr: drei Minuten nach neun!

Anne schließt ihr Fahrrad an ein Gatter, rennt dann die Häuserreihe entlang, bis sie vor einem großen Gebäudekomplex steht – das Stedelijk Museum! Anne muss einen kurzen

Moment innehalten, obwohl sie in Eile ist und das Gebäude schon kennt: Das Museum, das erst im Jahr 2012 – nach einer Umbauzeit von acht Jahren – wiedereröffnet hat, ist wirklich imposant! Denn während der Umbauphase wurde nicht nur das historische Gebäude von 1895 renoviert, das Museum erhielt außerdem einen Anbau durch den niederländischen Architekten Mels Crouwel. Anne hat mehrfach gelesen, dass dieser Neubau von den Amsterdamern inzwischen als *badkuip*, als Badewanne, bezeichnet wird. Anne legt den Kopf in den Nacken: Das trifft den weißen, von unten nach oben wie eine Wanne rundlich auseinanderstrebenden Bau wirklich gut.

Jetzt aber schnell! Anne glättet rasch mit der Hand ihre Haare, rückt die dunkelbraune Lederjacke und ihr hellblaues Halstuch zurecht und tritt ein.

Sie findet sich in einem großen, hellen Raum wieder, in dem mehrere Tische stehen. An den Wänden hängen Schwarz-Weiß-Fotografien. Hinter einem länglichen Tisch in der Ecke sitzen zwei Frauen, die Anne freundlich begrüßen. Die ältere von beiden, eine kleine rundliche Dame mit freundlichem Gesicht und wippenden braunen Haaren fragt beschwingt: »Kann ich dir helfen?«

»Ja, ich habe ein Vorstellungsgespräch«, antwortet Anne.

»Ach, du bist das.« Die Frau tippt ihre Kollegin auf die Schulter: »Weißt du, wo Maart ist?«

»Ich glaube, der ist noch nicht da«, antwortet die Kollegin, bevor sie innehält und durch das Fenster nach draußen schaut: »Aber da kommt er!«

Die Tür öffnet sich und ein hochgewachsener Mann mittleren Alters in Leinenhose und Jeanshemd und mit einer auffallend klobigen Nerd-Brille auf der Nase betritt den Raum.

»*Goedemorgen!*«, ruft er, als er Anne sieht, und gibt ihr die Hand. »Du bist wahrscheinlich Anne. Komm, wir setzen uns gleich hier an den Tisch!«

Anne nimmt auf einem der freien Stühle Platz. Auch Maart setzt sich. Er schlägt die Beine übereinander und beugt sich etwas nach vorne: »Ich begrüße dich sehr herzlich im Stedelijk Museum. Mein Name ist Maart van Rubens, ich bin der leitende Geschäftsführer. Bei mir laufen alle Planungen für kommende Ausstellungen zusammen und ich bin verantwortlich für die Medien- und Öffentlichkeitsarbeit. Außerdem kümmere ich mich um alle Mitarbeiter«, fügt er mit einem Lächeln hinzu und fragt: »Mich interessiert natürlich am meisten: Warum hast du dich bei uns beworben?«

Anne setzt sich aufrecht hin. Auf diese Frage hat sie gewartet. »Ich komme aus München und verbringe ein Gastsemester an der Gerrit Rietveld Academie«, antwortet sie. »Ich wollte meinen Aufenthalt in Amsterdam nutzen, um einen Einblick in die Arbeit eines so berühmten Museums wie des Stedelijk Museums zu bekommen.«

Maart nickt. »Bist du ein Fan von Moderner Kunst?«

»Ja, Moderne Kunst hat mich immer am meisten interessiert«, antwortet Anne. »In München habe ich mehrere Seminare darüber belegt und mit bestem Ergebnis abgeschlossen. Und meine Bachelorarbeit zum Thema Verweißungen wurde mit »sehr gut« bewertet. Die entsprechenden Zeugniskopien habe ich Ihnen schon vorab mit meinen Bewerbungsunterlagen zugeschickt.«

»Okay ...« Maart blättert abwesend in Annes Unterlagen, die vor ihm auf dem Tisch liegen. »Gefallen dir denn die Niederlande?«, fragt er nach einer kleinen Pause.

»Oh ja«, antwortet Anne und blickt etwas verlegen auf ihre Hände. Das Gespräch hat so gut angefangen, aber plötzlich läuft es nicht mehr richtig rund.

»Hast du schon ein paar Niederländer kennengelernt?« Maart schaut Anne erwartungsvoll an.

»Ja, ich war vor zwei Wochen sogar mit drei Niederländern in Zeeland.«

»Ach, in Zeeland?« Maart zieht begeistert die Augenbrauen in die Höhe. »Dahin fahre ich jeden Sommer. Ich bin ein absoluter Zeeland-Fan! Wo genau wart ihr denn?«

Anne mustert Maart verwirrt. Warum soll sie jetzt von ihrem Urlaub erzählen – was soll das? Ist Maart an ihrer Qualifikation für das Praktikum schon gar nicht mehr interessiert?

»Wir waren in Oostkapelle«, antwortet Anne deshalb knapp und versucht, das Thema schnell wieder auf das Museum und ihre Bewerbung zu lenken: »Ich habe übrigens schon in München ein Museumspraktikum absolviert – in der Pinakothek der Moderne. Das Praktikumszeugnis habe ich auch zu den Bewerbungsunterlagen gelegt.«

»Aha.« Maart nimmt erneut Annes Unterlagen in die Hand, sieht sie kurz gelangweilt an und legt sie dann wieder weg. Schließlich blickt er lächelnd auf: »Hattet ihr ein Ferienhaus oder habt ihr gezeltet? Ich hab früher immer gezeltet, aber inzwischen ist mir das zu beschwerlich. Trotzdem, manchmal wünsche ich mich wieder zurück in ein Zelt, in dem man ja immer das Meer hört. Es ist einem in einem Zelt irgendwie viel näher als in einem Mietbungalow, findest du nicht?«

Anne schlägt für Sekundenbruchteile und mit einem fast lautlosen Seufzer die Augen nieder. Irgendwie läuft alles schief. Dabei hatte sie sich doch so gut vorbereitet!

Was ist da schiefgelaufen?

Die deutsch-niederländische Handelskammer weist immer wieder auf die unerwartet großen kulturell bedingten Hürden im geschäftlichen Umgang zwischen Niederländern und Deutschen hin. Dass sie damit recht hat, durfte Anne soeben persönlich erleben.

Anne hat zwar schon gewusst, dass in den Niederlanden die Hierarchien flacher sind, weshalb sich die Menschen auch im beruflichen Alltag schnell und unbekümmert duzen und beim Vornamen nennen. Dass ihr der neue Chef von den Mitarbeiterinnen des Museums deshalb gleich vertraulich als Maart vorgestellt wurde – kein Problem! Da kennt sich Anne inzwischen aus.

Was Anne aber nicht wusste, war, dass die Unterschiede auch den Ablauf von Bewerbungsgesprächen betreffen. Zwar hat sie im Umgang mit ihren Kommilitonen bereits gelernt, dass sie sich im zwischenmenschlichen Bereich in Zurückhaltung üben muss, wenn es um die Darstellung ihrer Person, um Qualifikationen, Kompetenz oder Fachkenntnis geht. Schließlich hat sie es schon einmal geschafft, ihre Diskussionspartner mit abgehobener Ausdrucksweise, die als Wichtigtuerei empfunden wurde, zu verjagen.

Anne hat aber nicht geahnt, dass diese persönliche Zurückhaltung auch auf der beruflichen Ebene gilt. Dass sie im Verlauf des Gesprächs immer wieder auf ihre hervorragende Expertise verwiesen hat und dagegen auf die persönlicheren Fragen des Museumsleiters kaum reagiert hat, ja: sogar seinem direkten Blick ausgewichen ist – das kam nicht so gut an.

So ist's *oranje*

Ein *sollicitatiegesprek* (Vorstellungsgespräch) verläuft in den Niederlanden in der Regel eher formlos: Das heißt, man ist nicht nur schnell per Du, sondern unterhält sich direkt und unbefangen und bespricht auch persönlichere Themen. Direkter Augenkontakt wird als ein Zeichen von Aufrichtigkeit gedeutet; Titel und Zeugnisse sollten vom Bewerber nicht ungefragt hervorgehoben werden.

Natürlich sind auch in den Niederlanden Qualifikationen und der Notendurchschnitt von Zeugnissen nicht unwichtig – der Arbeitgeber informiert sich darüber aber vorzugsweise im vorliegenden Lebenslauf. Hier, im Bewerbungsgespräch, möchte er vor allem eines herausfinden: Passt der Bewerber zum Team? Und das erfährt der Arbeitgeber eben am besten, wenn er den Bewerber auch auf persönlicher Ebene kennenlernen kann. Wenn Anne das weiter verweigert, hat sie keine guten Karten.

Hat sie aber nicht: Wenig später ist bei ihr doch noch der Knoten geplatzt. Maart hat so begeistert von seinem letzten Urlaub auf Zeeland geschwärmt – plötzlich fiel alle Befangenheit von ihr ab und sie hat selbst angefangen zu erzählen: von ihrer Begeisterung über den sauberen Sandstrand und das klare Meerwasser, von den niederländischen Freunden und von ihrem ersten richtigen *stamppot*.

Maart hat ihr interessiert zugehört, einige Male hat er nachgefragt, dann ist er irgendwann aufgestanden und hat gesagt: »Alles klar! Du kannst nächsten Montag anfangen!«

Übrigens: Wenn Anne als Deutsche in den Niederlanden eine Stelle antritt, muss sie eine gekoppelte Sozialversicherungs- und Steuernummer (die sogenannte SOFI-Nummer) vorweisen – diese wird beim zuständigen Finanzamt beantragt.

Bewerbungen

Wer sich in den Niederlanden um eine Stelle bewerben will, sollte einige wesentliche Unterschiede zum deutschen Bewerbungsverfahren auf jeden Fall beachten: Eine Bewerbung erfolgt in den Niederlanden nicht mit ausführlicher Bewerbungsmappe, die möglichst viele Zeugnisse, Beglaubigungen und obendrein ein extra für diesen Zweck geschossenes Foto enthält. Den Grundbaustein einer Bewerbung in den Niederlanden bildet ein gut formuliertes Bewerbungsschreiben, der *sollicitatiebrief*. Beigelegt wird lediglich ein undatiertes und nicht signiertes Curriculum Vitae, also ein Lebenslauf. Wenn im Stellenangebot nach Referenzen gefragt wird, kann die Telefonnummer eines früheren Arbeitgebers genannt werden, denn eine persönliche Empfehlung ist den meisten niederländischen Arbeitgebern mehr wert als die schönste Urkunde. Initiativbewerbungen sind übrigens in den Niederlanden gern gesehen.

Das per Post oder per E-Mail adressierte, idealerweise einseitige und dabei recht ungezwungen formulierte Bewerbungsschreiben sollte, wie auch in Deutschland üblich, auf Motivation (warum bewirbt man sich?) und Qualifikation (warum ist man geeignet?) des Bewerbers eingehen. Auch private Hobbys können erwähnt werden. Natürlich sollten beide Papiere entweder auf Niederländisch oder auf Englisch verfasst werden (es sei denn, man bewirbt sich als Deutschlehrer in einem deutschen Institut).

Die korrekte niederländische Anredeform ist in diesem Fall übrigens *Geachte heer Maart van Rubens, Geachte mevrouw Van Rubens,* wenn Van Rubens eine Frau wäre, oder einfach *Geachte dames en heren* – und das Komma nach der Anrede nicht vergessen! Die Grußformel am Ende formuliert man am besten so: *Met vriendelijke groeten* oder, ganz formal: *Hoogachtend* (Hochachtungsvoll). Sehr informell und für Bewerbungsschreiben ungeeignet ist jedoch *Groetjes* (Grüße).

25 Und was sagst du dazu?
Arbeits- und Sitzungskultur

Welche Aufgaben sie in den kommenden drei Monaten im Museum übernehmen soll, ist Anne auch nach einer Woche nicht ganz klar. Sie wurde von den Mitarbeitern durch das Gebäude geführt, mit den verschiedenen Bereichen vertraut gemacht, und hin und wieder hat sie einen kleinen Auftrag erledigt. Hoffentlich, denkt Anne, ist sie hier nicht so eine Art *manusje-van-alles* (Mädchen für alles).

An diesem Montagmorgen findet eine Sitzung aller Mitarbeiter statt. Anne ist pünktlich, sieht sich im Sitzungsraum um und setzt sich dann neben Marlene, eine der Empfangsdamen, die sie schon beim Vorstellungsgespräch kennengelernt hat. Der Raum füllt sich, zuletzt kommt Maart mit einer Tasse Kaffee in der Hand und setzt sich zu Annes Schreck auf den leeren Stuhl zu ihrer Linken.

Der Chef direkt neben ihr? Bei einer Sitzung, in der es um die Organisation eines im nächsten Jahr stattfindenden international beachteten Kunstfestivals in Amsterdam geht? Anne setzt sich nervös gerade hin.

Maart begrüßt Anne: »Hast du dir schon einen Kaffee geholt?« Als sie verneint, springt er auf, geht zu einem Tisch am Ende des Raumes, auf dem mehrere Kaffeekannen und Tassen stehen, schenkt ein und ruft dann zu Anne gewandt: »*Melk?*«

Danach beginnt eine – wie es Anne scheint – endlose Sitzung, die nur mittags unterbrochen wird, als zwei Tabletts mit Käsebrötchen und dazu Kaffee und Milch auf den Tisch gestellt werden.

Nach dem *lunch* geht die Sitzung weiter – gesprochen wird noch immer über die Frage, unter welchem Motto sich das Stedelijk Museum beim Kunstfestival im nächsten Jahr präsentieren soll. Die Frage scheint kniffelig, denn durch den langwierigen Umbau des Museums gab es viel öffentliche Kritik: am Entwurf des Architekten, an den enormen Kosten, an verschleppten Bauarbeiten – all das beherrschte jahrelang die Presse.

Viele Amsterdamer sind mit dem fast revolutionären Entwurf des Architekten Crouwel nicht zufrieden – jetzt heißt es: zeigen, was auf den rund 8.000 Quadratmetern Ausstellungsfläche alles möglich ist!

»Wir könnten versuchen, mit dem Museum of Modern Art in New York zusammenzuarbeiten – und eine große Leihausstellung organisieren«, schlägt Vreda, eine junge Kollegin vor.

»Und wer soll das bezahlen?«, brummt Hendric, ein älterer Herr, der für die Finanzen zuständig ist. »Jahrelang sind sie über uns hergefallen, weil der Umbau Unsummen verschlungen hat, ständig gab es Zank wegen des Geldes. Wir sollten uns kostengünstigere Ideen überlegen.«

»Ich denke, wir sollten vor allem niederländischen Künstlern eine Plattform bieten, und zwar nicht nur aus finanziellen Gründen«, bemerkt Maart.

»Wenn wir mit einem Museum wie dem MoMA kooperieren, sind wir mit einem Schlag in aller Munde«, widerspricht Vreda.

»Ich finde, ihr diskutiert alle am Thema vorbei«, meldet sich da Marlene. »Ich finde, wir müssen ganz anders an die Sache herangehen ...«

Anne wird etwas schwindelig. Sie wippt mit dem Fuß. Spielt mit ihrem Kugelschreiber. Sie versucht, unauffällig einen Blick auf die Uhr zu werfen, und hofft, dass sich die Sitzung langsam aufs Ende zubewegt. Und sie möchte endlich mit einem Projekt beginnen, sie möchte inhaltlich arbeiten, sich richtig mit etwas beschäftigen! Alles ist besser, als den ganzen Tag hier herumzusitzen. Aber Maart hat ihr immer noch keine Aufgabe zugeteilt, er scheint wohl selbst nicht so genau zu wissen, was passieren soll.

Irgendwann hält Anne es nicht mehr aus. Sie stupst ihre Nachbarin Marlene an und flüstert: »Ihr seid ja ein ganz schön chaotischer Haufen. Wir haben jetzt den ganzen Tag hier gesessen und Maart hat immer noch keine Entscheidung getroffen.«

»Anne, möchtest du etwas sagen?« Maart hat ihr Flüstern wohl bemerkt und blickt aufmerksam zu ihr hinüber.

Anne läuft rot an. »Ich habe mich nur gefragt, was wohl meine Aufgabe sein wird«, murmelt sie leise.

»Und, hast du eine Idee?«, fragt Maart zurück und wartet gespannt auf ihre Antwort.

Was ist da schiefgelaufen?

Anne ist an diesem Tag gleich mehreren zentralen, für sie befremdlichen Charakteristika des niederländischen Arbeitslebens begegnet. Zunächst wurde sie stutzig, als der Chef, Maart, sich ganz selbstverständlich neben sie gesetzt hat. In

Deutschland ist das – zumindest in einem großen Unternehmen – kaum denkbar. Wahrscheinlich wird die Praktikantin in einem deutschen Unternehmen zu einer solchen Sitzung, bei der ja offensichtlich wichtige Weichenstellungen besprochen werden, die zudem Ereignisse in einer Zeit betreffen, in der das Praktikum schon vorüber ist, überhaupt nicht eingeladen.

Maart hat dann noch eins draufgesetzt: Er hat Anne einen Kaffee gebracht, so wie es in den Niederlanden aufgrund der egalitären Strukturen ganz selbstverständlich ist. Ja, warum auch nicht? In Deutschland wäre das allerdings sehr ungewöhnlich. Hier bringt der Praktikant dem Chef den Kaffee – nur in Ausnahmefällen mag es mal anders sein.

Damit aber nicht genug der Merkwürdigkeiten: Anne durfte anschließend Zeugin einer typisch niederländischen Sitzung werden, die ihr aus mehreren Gründen ungewohnt und sonderbar erschien: Zum einen hat sie verwundert zur Kenntnis genommen, dass anscheinend allen Mitarbeitern – sie eingeschlossen – eine Art Mitspracherecht zugestanden wurde. Jeder darf, ja: soll seine Meinung äußern und sich einmischen; jeder darf Vorschläge machen, jeder darf begründete Kritik üben, selbst dem Chef gegenüber – was den Entscheidungsprozess natürlich in die Länge zieht. Das ist in deutschen Unternehmen oft nicht denkbar. Auch wenn es Ausnahmen gibt, werden hier wichtige Entscheidungen meist in den oberen Etagen und hinter verschlossenen Türen getroffen, Ziele vorgegeben und anschließend verkündet.

Zum anderen musste Anne – fast zu ihrer Enttäuschung – erkennen, dass das, was sie erwartet hat, einfach nicht eintrifft: dass nämlich Maart irgendwann die ausufernde, ihr regelrecht chaotisch erscheinende Debatte beendet und den Mitarbeitern gegenüber schließlich doch Anordnungen trifft. Darauf kann sie lange warten!

Maart geht als Niederländer davon aus, dass Anordnungen von oben weder bei seinen Mitarbeitern, die wie viele Niederländer flache Hierarchien gewohnt sind, gut ankommen noch sonderlich effektiv sind: Jeder im Team hat einen Kopf zum Denken – und dementsprechend ist auch jeder im Team mitverantwortlich.

So ist's *oranje*

Wenn Anne noch einmal Zeuge der sprichwörtlichen niederländischen *vergadercultuur* (Sitzungskultur) werden sollte, kann sie entsprechend reagieren, stellt sie sich auf Folgendes ein: Die Debatte kann oder wird endlos sein, der Kaffeeautomat wird unaufhörlich brummen, die Käsebrötchen werden schmecken und irgendwann werden alle doch noch zu einer Einigung kommen.

Doch Vorsicht: Die nächste Sitzung kommt bestimmt! Auch daran wird sich Anne gewöhnen müssen. Es gibt in den Niederlanden nicht nur eine Sitzungskultur, sondern auch – wie es der Niederländer Dik Linthout in seinem Buch *Frau Antje und Herr Mustermann* treffend umschrieben hat – eine *heroverwegingscultuur,* was so viel bedeutet wie eine Kultur des Wiederhervorbringens: Einmal getroffene Entscheidungen müssen nach Ansicht der Niederländer nämlich weder perfekt sein noch für die Ewigkeit. Bis zu ihrer Realisierung sind sie keineswegs in Stein gemeißelt. Sollten sie sich als unpassend erweisen, kommen sie eben wieder auf den Tisch und werden noch einmal kritisch unter die Lupe genommen. Oder ein Mitarbeiter hat ganz einfach im Zeitraum nach der Sitzung eine bessere Idee. Das Arbeiten in den Niederlanden beruht also zum Teil auch darauf, über alles wieder und wieder nachzudenken.

Allerdings braucht es, um etwas wieder auf den Tisch zu bringen, einen triftigen Grund. Anne muss sich also keine Sorgen machen, dass sie in den nächsten Wochen jeden Tag über dieselben Fragen stolpert. Arbeiten wäre dann schließlich kaum möglich!

Wörterbüchlein: Fit für den Berufsalltag

Deutsch	Niederländisch
die Abteilung	de afdeling
anfangen	aanvangen, beginnen
(jemanden) anrufen	opbellen
arbeiten	werken
arbeitslos	werkloos
die Arbeitswoche	de werkweek
beantworten	beantwoorden
der Beleg	het bewijs, de kwitantie
der Beruf	het beroep
sich (mit etwas) beschäftigen	zich bezighouden
die Besprechung	de bespreking, het overleg
der Betrieb	het bedrijf
das Büro	het kantoor
der Chef	de chef
diskutieren	discussiëren
einverstanden sein	akkoord zijn

Deutsch	Niederländisch
erreichbar	*bereikbaar*
fleißig	*ijverig, vlijtig*
freiberuflich	*freelance*
das Gespräch	*het gesprek*
der Kugelschreiber	*de balpen*
(etwas) mitteilen	*mededelen*
die Möglichkeit	*de mogelijkheid*
die Notiz	*de aantekening, notitie*
das Sekretariat	*het secretariaat*
der Teilnehmer	*de deelnemer*
die Terminbestätigung	*de afspraakbevestiging*
die Pause	*de pauze*
der Praktikant	*de stagiair*
das Protokoll	*de notulen, het protocol*
der Termin	*de afspraak*
das Unternehmen	*de onderneming*
der Urlaub	*de vakantie*
der Vorschlag	*het voorstel*
sich vorstellen	*zich voorstellen*
wiederholen	*herhalen*

Wenn der Chef ein Machtwort spricht

Heute ist kein guter Tag, das weiß Anne gleich, als sie die Augen aufmacht: Ihr Kopf schmerzt und pocht, ihr Hals fühlt sich trocken und entzündet an, aus ihrer Nase tropft es ohne Unterlass.

Ausgerechnet heute! Ausgerechnet an dem Tag, an dem sie ihre Ideen zum neuen Internetauftritt des Museums präsentieren soll! Die ganzen letzten Tage hat sie damit verbracht, ein Konzept zu erarbeiten. Denn heute soll sie ihre Überlegungen vor einigen anderen Mitarbeitern zur Diskussion stellen – und nun fühlt sie sich krank und müde, ist kaum in der Lage, das warme Bett zu verlassen, schon gar nicht, im nasskalten Oktoberwetter mit dem Fahrrad zum Museum zu radeln.

In diesem Moment blinkt ihr Handy. Eine SMS von Bente! »*Ik mis je*« (Ich vermisse dich), liest Anne. So beginnt der Tag gleich schon viel besser. Wenn ich schnell heiß dusche und einen Tee trinke, geht das blöde Kratzen im Hals sicherlich auch noch weg, denkt sie und quält sich aus dem Bett.

Aber es geht nicht besser. Anne ist inzwischen seit über einer Stunde im Museum und hört sich die Ideen der drei anderen Kollegen des Teams an. Dann ist sie an der Reihe.

»Ich habe mir gedacht«, sagt sie heiser, »ich dachte mir, also, wir sollten den Aufbau der Website komplett ändern.

Wir sollten ...«, Anne muss husten, »wir sollten uns stärker auf die aktuellen Ausstellungen konzentrieren, gezielter ...«, sie räuspert sich, »auf unsere Besucher zugehen und sie mit kleinen themengebundenen Infoschnipseln versorgen. Dazu könnte man ...«, Husten, »also, wo war ich ... man könnte dazu zusätzlich auch Social-Media-Portale nutzen.«

Anne hustet, geht zum Computer und ruft eine Internetseite auf, deren Nutzerführung sie überzeugt hat.

»Sag mal, Anne, ich glaube, es ist besser, wenn du nach Hause gehst und dich ins Bett legst.«

Anne dreht sich um. Das war die Stimme von Maart. Sie hat gar nicht gehört, wie er in den Raum gekommen ist.

»Nein, es geht schon, ist nicht so schlimm«, antwortet sie. »Also, zu den Web-2.0-Lösungen, die denkbar wären ...«

»Doch, du gehst jetzt nach Hause, für heute reicht's«, wiederholt Maart. »Werd erst mal gesund, bevor du hier deine Pläne präsentierst.«

»Aber ... aber ich bin doch noch gar nicht fertig«, meint Anne, bevor sie erneut von einem Hustenanfall gepackt wird. »Und ich kenne hier noch gar keinen Arzt, von dem ich mich krankschreiben lassen kann.«

»Wieso Arzt? Geh lieber ins Bett«, meint Maart, und dann verlässt er den Raum.

Hm. Anne sieht in die zustimmenden Gesichter der drei Kollegen. War ihre Idee nicht gut? Sie packt schnell ihre Sachen zusammen und verlässt ziemlich verunsichert das Gebäude. Will Maart sie loswerden? Er will ja noch nicht mal eine ordentliche Krankschreibung von ihr haben. Und sie wollte sich doch extra wegen so ein bisschen Husten nicht anstellen! Hoffentlich glauben Maart und die anderen nun nicht, sie hätte sich nicht gut genug vorbereitet. Oder hatte jemand anderes schon eine gute Idee und ihre ist nun gar nicht mehr gefragt? Den Kopf voller Fragen macht sie sich hustend und schniefend auf den Heimweg.

Was ist da schiefgelaufen?

Es gilt in Deutschland als Tugend, viel, lange und hart zu arbeiten. Es gilt auch als Tugend, sich zusammenzureißen, die Zähne aufeinanderzubeißen und weiterzumachen – auch dann noch, wenn einem eigentlich gar nicht mehr danach ist: bei Grippe, Erkältung und Ähnlichem. Schließlich möchte man nicht in Verdacht geraten, sich vor der Arbeit zu drücken, einen Tag blauzumachen oder krankzufeiern.

In den Niederlanden gibt es diese Bedenken nicht. Auch hier arbeitet man viel, hart und gerne. Wenn man jedoch krank ist, dann ist man eben krank. Dann legt man sich vernünftigerweise ins Bett und kuriert sich aus. Warum sich krank zur Arbeit schleppen und dabei womöglich die halbe Belegschaft anstecken – für den Preis, dass man dadurch nur noch kränker wird?

Und selbst wenn man nicht schwer erkrankt ist, sondern einfach nur erschöpft: Warum sollten andere einem gleich eine böse Absicht unterstellen? Dann bleibt man eben mal einen Tag zu Hause und meldet dem Arbeitgeber einen *baaldag,* was so viel heißt wie »einen schlechten Tag«. Oder man nimmt, wenn man nicht wirklich krank ist, sondern sich nur schlecht fühlt, einen der frei wählbaren und extra hierfür vorgesehen Urlaubstage *(snipperdagen).* Solche Tage, an denen man das Gefühl hat, dass einem alles zu viel wird und die man im Englischen mit *bad hair day* übersetzten könnte, kennt man sicher auch in Deutschland, gesteht sie den Arbeitnehmern jedoch nicht ohne Weiteres zu. In Deutschland gilt in jedem Fall die Regel: Wer sich krankmeldet, muss sich seine Krankheit spätestens nach dem dritten Tag vom Arzt bescheinigen lassen – nach einer aktuellen Entscheidung des Bundesarbeitsgerichts kann der Chef sogar schon für den ersten Krankheitstag ein ärztliches Attest verlangen. Kurzfristige Abmeldungen, weil man sich aus anderen Gründen nicht gut fühlt, sind in Deutschland nicht vorgesehen.

In den Niederlanden kennt man diese Art der Arztatteste nicht. Wer krank ist, muss sich nicht umgehend mit anderen Kranken stundenlang ein Wartezimmer teilen, nur um einen gelben Zettel zu bekommen, auf dem steht, dass man tatsächlich krank ist. In den Niederlanden meldet sich, wer krank ist, telefonisch beim Arbeitgeber ab. Dann heißt es ganz einfach: *Ik meld me ziek.*

Vielleicht gehen Deutsche auch deshalb so viel öfter zum Arzt als ihre niederländischen Nachbarn. Und wahrscheinlich gibt es auch deshalb in Deutschland so viele Apotheken: Weil die deutschen Arbeitnehmer unter dem Generalverdacht des Krankfeierns stehen, streben alle danach, im Falle einer Krankheit möglichst schnell wieder bei der Arbeit zu erscheinen – notfalls mithilfe der unzähligen rezeptfreien Pillen, Kapseln, Tröpfchen und Pülverchen.

Nach einem anderen Prinzip funktioniert die Behandlung beim niederländischen Hausarzt, der in allen gesundheitlichen Belangen erster und wichtigster Ansprechpartner der Niederländer ist: Wo in Deutschland schnell der Rezeptblock gezückt wird, zögert der niederländische Arzt. Schlaf und

Ruhe – das sind oft die besten Mittel gegen einfache Erkältungen und manche andere körperliche Beschwerden. Übrigens ist der niederländische Hausarzt auch Ansprechpartner für Frauen: Der Gang zum Gynäkologen wird in den Niederlanden weitaus seltener unternommen als in Deutschland – und viele Frauen ziehen bei Schwangerschaft und Geburt nicht nur den Hausarzt, sondern auch die Hausgeburt vor.

So ist's *oranje*

Anne braucht sich keine Sorgen machen: Weder hegt Maart den Verdacht, sie täusche ihre Krankheit nur vor, noch will er sie loswerden. Er gesteht ihr als Arbeitnehmerin lediglich zu, sich bei Krankheit ins häusliche Bett zu verkriechen, um gesund zu werden. Das ist jedoch kein Almosen oder eine soziale Tat – auch niederländische Arbeitgeber arbeiten ergebnisorientiert und erwarten von den Mitarbeitern vollen Einsatz. Maart schlägt mit seinem Machtwort aber zwei Fliegen mit einer Klappe: Anne kann sich auskurieren und somit hoffentlich bald wieder zur Arbeit erscheinen. Und die Gefahr der Ansteckung wird eingedämmt – das ist für einen geschäftstüchtigen Arbeitgeber auch kein zu vernachlässigender Gesichtspunkt.

Allerdings bedeutet diese unkomplizierte und zunächst arbeitnehmerfreundliche Praxis des niederländischen Auskurierens nicht, dass der Arbeitnehmer so lange und so oft er will, zu Hause bleiben kann: Nach einigen Tagen bekommt der Kranke nämlich (im Auftrag des Arbeitgebers) Besuch von einem Mitarbeiter der zahlreichen *arbodiensten* (Berufsgenossenschaften, Arbeitsschutz), der ihm einen umfangreichen Fragebogen überreicht: Was hat er denn? Ist ein Arm gebrochen? Wie lange dauert die Krankheit voraussichtlich noch? Ist es die Grippe? Oder gibt es gar ein Mobbing-Problem, das eigentlich für das Fernbleiben des Arbeitnehmers verantwortlich ist?

Nach mehr als zwei Wochen Krankheit muss dann auch der Niederländer beim Arzt vorstellig werden – nicht beim Hausarzt, sondern direkt beim Betriebsarzt.

Proost! Das Gesundheitssystem in den Niederlanden

Das niederländische Gesundheitssystem wurde im Jahr 2006 grundlegend reformiert und gilt heute für einige europäische Nachbarländer als Vorbild, auch weil es keinen Unterschied zwischen privaten und gesetzlichen Krankenversicherungen mehr gibt. Alle Niederländer sind verpflichtet, sich in der ersten und zweiten Säule des aus insgesamt drei Säulen bestehenden niederländischen Krankenversicherungssystems zu versichern: in der Pflege- und Langzeitversicherung AWBZ *(Algemeen Wet Bijzondere Ziektekosten)*, die v.a. Langzeitrisiken wie ambulante oder stationäre Pflegeleistungen von über einem Jahr versichert; und in der sogenannten ZW *(Zorgverzekeringswet)*, die eine Basisversicherung für alle akuten ambulanten und stationären Leistungen darstellt. Daneben ist es den Niederländern freigestellt, Zusatzversicherungen für Zahnersatz, Physiotherapie o.Ä. abzuschließen.

Wer als Ausländer längere Zeit in den Niederlanden wohnt und bei einem niederländischen Arbeitgeber in Lohn und Brot steht, muss ebenfalls eine Krankenversicherung abschließen, wenn er nicht mit Androhung einer Geldstrafe abgemahnt werden will.

Aufgepasst: Der niederländische Ausruf *Proost!* bedeutet nicht nur »Prost!« oder »Wohl bekomm's!« – hiermit wünschen sich Niederländer auch freundlich Gesundheit (z.B. beim Niesen).

Süßer Start ins Leben

Heute geht es Anne wieder besser. In den letzten zwei Tagen hat sie im Bett gelegen, Tee getrunken und wie verrückt gezeichnet. In Zeeland hatte sie einfach keine Ruhe dafür – außer ein paar krakeligen Versuchen, hat sie dort nichts zu Papier gebracht. Aber nun, mit fast zwei Wochen Abstand, dazu noch vom Chef persönlich zum Nichtstun verdonnert, war sie nicht mehr zu bremsen. Anne blättert wie so oft durch die Seiten ihres Buches und lässt dabei den Urlaub Revue passieren: Zuerst ist dort eine Zeichnung von Jeroens voll beladenem Auto, wie es über den großen Damm bei Zeeland fährt. Danach folgen viele Bilder vom Strand – Tomke und Jeroen beim Volleyballspiel, Bente, der sich im Sand räkelt, die vier Freunde vor dem Zelt, Anne selbst, wie sie gedankenverloren auf einer Luftmatratze liegt, und am Schluss ein Bild, das ihr besonders gefällt: eine farbige Zeichnung von Bentes gelben *klompen* im Sand.

Aber jetzt denkt Anne an etwas anderes. Sie radelt zum Museum und überlegt hin und her: Ob sie heute doch noch ihre Ideen zum Webauftritt des Museums vorstellen kann? Oder ist in der Zwischenzeit schon alles entschieden worden?

Etwas später sitzt Anne an einem der großen Tische des Gemeinschaftsbüros und beugt sich über einen Stapel Papier. Ihre Teamkollegen haben zwar in der Zwischenzeit schon intensiv darüber gesprochen, wie die Internetpräsenz des Museums in Zukunft gestaltet werden könnte, aber noch ist nicht alles beschlossene Sache. Einige ihrer Ideen sollen, wie sie zu ihrer Freude erfahren hat, ebenfalls berücksichtigt werden.

Plötzlich betritt Maart den Raum, in der Hand ein großes Tablett. Alle, die im Raum sind, stehen auf und schütteln ihm die Hand. Anne reckt den Kopf in die Höhe: Was ist denn los? Sie erkennt, dass auf dem Tablett runde Gebäckstücke liegen, die mit etwas Blauem und Weißem bestreut sind. Vielleicht Brot oder Kekse? Ach, Maart verteilt wohl ein zweites Frühstück mit *hagelslag!* Wahrscheinlich freut er sich über die gute Presse der letzten Tage und möchte dem Team danken.

Anne beobachtet, wie alle anwesenden Mitarbeiter nach und nach aufstehen und zu Maart gehen, ihm die Hand schütteln oder ihm auf die Schulter klopfen. Eine Mitarbeiterin lächelt breit, eine andere strahlt Maart geradezu an. Anne wundert sich: Jetzt wird Maart sogar von Waalke, einem älteren Herrn aus der Buchhaltung umarmt. Übertreiben die nicht alle ein bisschen?

Gerade will sie sich wieder über ihren Papierstapel beugen, da sieht sie, wie Maart ihr zunickt. Jetzt macht er auch noch eine einladende Geste: Nimm eins!

Nein danke! Anne schüttelt freundlich, aber verneinend den Kopf. Sie hat heute Morgen schon gefrühstückt – außerdem hat sie nach ihrer grippeähnlichen Erkältung immer noch keinen großen Appetit.

Warum aber guckt Maart so enttäuscht?

»Keine Sorge, ich bin nicht mehr krank, mir geht es gut!«, ruft ihm Anne zu. »Ich habe einfach keinen Hunger!«

»Du bist ja komisch!« Marlene kommt an ihren Platz neben Anne zurück, kaut zu Ende und schüttelt den Kopf. »Das kannst du nun wirklich nicht bringen!« Sie schüttelt ihren Kopf noch heftiger. Auf ihrer Stirn und den Wangen bilden sich kleine rote Flecken: »Das habe ich ja noch nie erlebt! So etwas Unfreundliches!«

Was ist da schiefgelaufen?

Wer die kulturellen Eigenheiten eines Landes nicht kennt, kann manchmal ganz schön danebenliegen. Das hat Anne soeben wieder einmal erfahren. Jemandem nicht zur Geburt des Kindes zu gratulieren, in diesem Fall dem eigenen Chef, das ist nicht nur unhöflich – das ist ein ziemlicher Fauxpas!

Aber Anne konnte ja auch nicht ahnen, dass Maart in der vergangenen Nacht Vater geworden ist und es in den Niederlanden jahrhundertealter Brauch ist, bei der Geburt eines Kindes eine kleine kulinarische Besonderheit anzubieten: *beschuit met muisjes* – Zwieback mit »Mäuschen«. Diese reicht man dem Besuch, der den kleinen Erdenbürger zu Hause begutachtet, den Klassenkameraden, wenn man Schwester oder Bruder geworden ist, oder eben den Kollegen als frischgebackener Vater.

Was ist das genau – *beschuit mit muisjes? Beschuit,* das ist kein gewöhnlicher Zwieback, sondern besteht aus sehr fein gemahlenem Mehl und schmeckt viel süßer. Außerdem hat er eine besondere Form: Er ist nämlich rund und wird in Rollen verkauft.

Muisjes, das sind winzige, von der Form her an kleine Mäuschen erinnernde Streusel, die aus Anissamen mit Zuckerhülle bestehen. Diese Zuckerhülle ist entweder rosa oder blau gefärbt – je nachdem, ob das Neugeborene ein Mädchen oder ein Junge ist. Es gab bislang nur sehr wenige Gelegenheiten, zu denen auch andersfarbige *muisjes* hergestellt wurden. Bei der Geburt von Königin Beatrix wurden zum Beispiel orangefarbene *muisjes* verteilt.

Übrigens geht die Tradition der umzuckerten Anissamen auf die Wirkung zurück, die Anis zugeschrieben wird: Es soll die Milchbildung bei stillenden Frauen fördern und findet deshalb auch in Deutschland im Stilltee Verwendung.

So ist's *oranje*

Aufgepasst: Wer in den Niederlanden *beschuit met muisjes* angeboten bekommt, sollte diese nicht ausschlagen, sondern zugreifen und gratulieren. Die Geburt eines Kindes ist schließlich ein großer Grund zur Freude!

Ein kleines Geschenk für den neuen Erdenbürger zu überreichen, ist übrigens in den Niederlanden genauso gern gesehen, wie in Deutschland. Wie wäre es mit einem Buch des niederländischen Autors und Zeichners Dick Bruna, der mit seiner einprägsamen Figur der kleinen Häsin Nijntje international bekannt wurde? Oder mit einer Hörspiel-CD von *Jip en Janneke*, zwei Kindern im Vorschulalter, die in den Niederlanden eine Art Kultstatus genießen?

Wer als Ausländer in den Niederlanden lebt und beim freudigen Ereignis einer Geburt selbst *beschuit met muisjes* anbieten möchte, kann Folgendes beherzigen: Kaufen kann man die Zutaten in jedem Supermarkt in den Niederlanden. Zur Vorbereitung werden die runden Zwiebackscheiben – es sind ungefähr zwölf Scheiben pro Rolle – auf einem Tablett verteilt, mit Butter bestrichen und anschließend mit den rosafarbenen oder blauen Zuckerkörnern bestreut. Eine Packung *muisjes* reicht für ungefähr 24 Stück Zwieback. Wer keine Butter verwenden möchte, kann stattdessen auch eine dünne Schicht Honig auf den Zwieback streichen, damit halten die *muisjes* genauso gut.

Sterbehilfe

Die Geburt eines Menschen wird überall auf der Welt als glückliches Ereignis gefeiert. Das Ende des Lebens wird jedoch in vielen Kulturen tabuisiert und verdrängt. Die Niederlande unterscheiden sich hier insofern von den meisten westlichen Gesellschaften, da sie die Frage, wie Ärzte auf die Bitte eines todkranken Menschen nach Beihilfe zur Selbsttötung reagieren sollen, offener und zudem positiver beantworten – obwohl sie damit bei vielen anderen Ländern auf Ablehnung stoßen.

Im Jahr 2001/2002 erließen die Niederlande – nachdem schon in den Jahrzehnten davor Sterbehilfe praktiziert worden war – als erstes Land auf der Welt ein Gesetz, das die aktive Beendigung des Lebens eines Patienten durch seinen Arzt unter bestimmten Bedingungen erlaubt – selbst wenn dieser noch minderjährig sein sollte (*Wet toetsing levensbeëindiging op verzoek en hulp bij zelfdoding* – Gesetz zur Kontrolle der Lebensbeendigung auf Verlangen und Hilfe bei der Selbsttötung). Auch in Belgien, Luxemburg und der Schweiz ist Sterbehilfe inzwischen legalisiert worden.

Der niederländische Arzt muss allerdings vielfältige Sorgfaltskriterien einhalten, um sich bei der Sterbehilfe nicht doch strafbar zu machen: Er muss sicherstellen, dass der Patient seinen Wunsch nach Sterbehilfe freiwillig und nicht unüberlegt äußert, dass der körperliche und seelische Zustand des Patienten tatsächlich ohne Aussicht auf Heilung und mit unerträglichem Leiden verbunden ist und dass es keine andere Lösung für den Patienten gibt. Erst dann darf der Arzt nach Rücksprache mit einem weiteren Arzt seinen Patienten aktiv und medizinisch fachgerecht bei der Selbsttötung unterstützen.

Aufgrund dieser Kriterien wird auch in den Niederlanden nicht jedem Wunsch nach Sterbehilfe entsprochen – und manchmal kommen Patient und/oder Arzt zu dem Schluss, dass ein anderer Weg doch der bessere ist. Dennoch gibt es in den Niederlanden ungefähr 3.000 Fälle von Sterbehilfe jährlich (bei deutlich mehr als doppelt so vielen Anfragen pro Jahr). Zum Einsatz kommt meist eine Kombination aus zwei Medikamenten, die in die Blutbahn gespritzt werden: Das erste versetzt den Sterbenden in eine Art Tiefschlaf, das zweite führt zum Aussetzen der Atmung – und damit zum Tod.

In Deutschland auf scharfe Kritik gestoßen ist eine im März 2012 in Den Haag eröffnete Einrichtung – die erste Sterbehilfeklinik der Welt (Levenseindekliniek), initiiert und betrieben von der Niederländischen Vereinigung für ein freiwilliges Lebensende (NVVE). Hierher kommen all diejenigen, die keinen Hausarzt haben, der sich bereit erklärt, aktive Sterbehilfe zu leisten. Wer aus gesundheitlichen Gründen nicht in die Klinik kommen kann, wird auf Wunsch und nach Prüfung des Falls von einem ambulanten Team, das aus einem Arzt und einem Pfleger besteht, zu Hause betreut. Auch in den Niederlanden wird diese Praxis von einigen Ärzten offen kritisiert: Das für einen solchen Schritt eigentlich wichtige Vertrauensverhältnis zwischen Arzt und Patient sei hier nicht mehr gegeben.

28 Fliegende Pfeffernüsse
Weißer Klaus und schwarzer Peter

November in Amsterdam: Es ist zwar lange nicht so kalt, wie zum Beispiel im Voralpenland, sondern deutlich milder – typisch Seeklima eben, denkt Anne. Dafür ist es seit Tagen nur noch trübe, diesig und nebelig!

Fast drei Monate sind vergangen, seit Bente in die USA geflogen ist, fast drei Monate hat Anne im Museum gearbeitet – und fast acht Monate sind vergangen, seit Anne über Maastricht nach Amsterdam gefahren ist. Anne steht im Badezimmer ihrer kleinen Wohnung und betrachtet sich im Spiegel. Ihre braunen Haare sind schon weit über die Schultern gewachsen. Bevor Bente in zwei Wochen zurückkommt, will sie unbedingt zum Frisör gehen. Hoffentlich findet sie zwischen der Arbeit am Praktikumsbericht und den Kursen an der Kunstakademie Zeit dafür. Sie hat nur noch sechs Wochen – dann endet das Semester und damit ihre Zeit an der Kunstakademie. Anne beugt sich etwas nach vorne, runzelt zuerst die Stirn und zieht dann einen feinen Lidstrich am rechten Augenlid.

»Anne, kommst du bald?« Tomke klopft an die Badezimmertür.

»Moment!« Anne schminkt sich schnell fertig und öffnet die Tür. »Du hast mir immer noch nicht verraten, wo wir heute hingehen«, sagt sie gespielt beleidigt zu Tomke.

»Verrat ich dir auch jetzt nicht«, antwortet Tomke. »Ich sag nur so viel: Zieh dir was Warmes an, nein: besser was Regendichtes, wir gehen nach draußen an die frische Luft!«

Kurz darauf fährt Anne hinter Tomke auf dem Fahrrad durch die Stadt. Inzwischen kommt sie in diesem Fahrradverkehr schon ganz gut zurecht, findet sie, doch als Tomke in allerletzter Minute über eine rote Ampel rast, gibt sie auf, wartet und beobachtet, wie Tomke sich auf der anderen Straßenseite zuerst damit beschäftigt, ihre *regenjas* (Regenjacke) überzuziehen, und dann Grimassen schneidet.

»Wenn du so weitertrödelst, verpassen wir alles!«

»Ich weiß ja immer noch nicht, wohin wir überhaupt fahren«, ruft Anne zurück und holt ebenfalls ihr Regencape hervor.

»Okay – wir fahren in Richtung Hafen«, sagt Tomke, als Anne endlich die Kreuzung überquert hat.

Zum Hafen? Hoffentlich plant Tomke keine Hafenrundfahrt oder gar eine Fahrt durch die Grachten – für diese Unternehmung ist sie eigentlich schon an Bente vergeben, überlegt Anne, als sie weiterfahren. Außerdem tröpfelt es seit einigen Minuten. Wahrscheinlich regnet es bald wieder Bindfäden – wie schon die ganzen letzten Tage.

Trotzdem sind viele Menschen auf der Straße – irgendetwas ist hier los, denkt sie und stellt ihr Fahrrad neben Tomkes *fiets* ab.

»Wie gehen zu Fuß weiter, denn ab hier wird es wahrscheinlich noch enger.« Tomke schlängelt und drängelt sich durch die Menschen, bis sie an einer Absperrung haltmacht: »Hier können wir uns hinstellen, das ist ein guter Platz.«

Anne wundert sich: Sie stehen mit vielen anderen Menschen an einer breiten Straße, deren Rand mit Eisenzäunen abgesichert ist. Alle Zuschauer, darunter unzählige Kinder, scheinen gespannt auf etwas zu warten. In diesem Moment ertönt eine aufgeregte, helle Kinderstimme: »*Kijk! Een Zwarte Piet!*« (Schau! Ein Schwarzer Peter!)

Anne stellt sich auf die Zehenspitzen – und richtig, da vorne, gleich hinter der Straßenbiegung, läuft, nein: hüpft ein kleines Männlein mit rabenschwarzem Gesicht, knallrot geschminkten Lippen, bunten Pluderhosen und einer ebenso aufgepluderten Mütze auf dem Lockenkopf. Weiter hinten kommen noch mehr dieser schwarz-bunten Wesen. Sie tanzen, tollen herum, schlagen Purzelbäume, klatschen den Zuschauern auf die Hände, verteilen Fähnchen – es werden immer mehr! Da fahren einige Einrad oder sitzen auf einem Pferd, andere laufen auf Händen, singen, pfeifen, grinsen. Es müssen Hunderte sein.

»Das sind die *Zwarte Pieten*«, erklärt Tomke nun mit einem Blick auf Anne, »die Helfer vom *Sinterklaas.*«

Zwarte Pieten? Sinterklaas? Eben will Anne Tomke danach fragen, da kommen drei große *Zwarte Pieten* direkt auf sie zugelaufen. Sie rollen furchterregend mit ihren weiß hervorblitzenden Augäpfeln, grinsen dümmlich und wedeln mit den Händen. Anne weicht einen Schritt zurück – ein bisschen angsteinflößend sieht das schon aus. »Warte, gleich werfen sie mit *pepernoten* (Pfeffernüssen)!«, lacht Tomke in diesem Moment.

Peper-was? Was soll das eigentlich?, will Anne fragen, obwohl sie natürlich inzwischen schon kapiert hat, dass hier eine Art Festumzug stattfindet. Doch in diesem Moment kommt schon wieder ein *Zwarte Piet* ganz nah an sie heran – und reißt seinen Mund zu einem breiten Grinsen auf. Anne kann den nach Gebäck müffelnden Atem durch seine weißen Zähne hindurch riechen. Mit dem schwarz geschminkten Gesicht, den roten Lippen und der Kraushaar-Perücke, denkt sie, sieht dieser Schwarze Peter aus wie die Karikatur eines dunkelhäutigen Menschen aus Südafrika, von den ehemaligen Niederländischen Antillen oder sonst woher. Werden hier etwa Schwarze durch den Kakao gezogen?

Über und unter dem Wind: Kolonialmachtszeiten

Es ist fast in Vergessenheit geraten und den wenigsten Menschen bewusst, dass die Niederlande im 17. Jahrhundert eine der bedeutendsten Kolonialmächte der Welt waren. In dieser sogenannten Goldenen Zeit (siehe Kapitel 16: »Essen aus der Wand«, S. 117) wurde die Hälfte des Welthandels von den Niederländern abgewickelt, denn niederländische Kolonien gab es überall auf der Welt: in Asien (z.B. Niederländisch-Indien), in Nord-, Mittel- und Südamerika (z.B. die Niederländischen Antillen und Niederländisch-Guayana) und in Afrika. In Nordamerika gründeten die Niederländer innerhalb der Kolonie Nieuw Nederland eine Stadt mit dem Namen Nieuw Amsterdam (Neu-Amsterdam): das heutige New York. Die wirtschaftlich wichtigste niederländische Kolonie war Nederlands-Indië (Niederländisch-Indien), das heutige Indonesien, denn die indonesische Hafenstadt Jakarta (ehemals Batavia) entwickelte sich zu einem der bedeutendsten Handelsplätze der damaligen Welt und war zugleich wichtigster politischer und militärischer Stützpunkt der Niederländer in Südostasien.

Seit Beginn des 19. Jahrhunderts verloren die Niederlande nach und nach ihre Ansprüche auf die Kolonien – vielerorts gab es Aufstände der Einheimischen gegen Unterdrückung und Ausbeutung durch die Kolonialherren. Anfang des 20. Jahrhunderts formierte sich auch in Indonesien der Widerstand und im August 1945 erklärten die Indonesier schließlich ihre Unabhängigkeit. Die Niederlande, die diese Kolonie um jeden Preis behalten wollten, reagierten mit Militärgewalt. Erst nach dem Eingreifen der Vereinten Nationen und drei Jahren voller gewaltsamer Auseinandersetzungen erkannten die Niederlande die Unabhängigkeit Indonesiens am 27. Dezember 1949 an.

Heute sind von den niederländischen Kolonien nur noch zwei kleine Inselgruppen der ehemaligen Niederländischen Antillen übrig geblieben (mit ca. 291.000 Einwohnern auf einem knapp 800 Quadratkilometer großen Gesamtgebiet): die sogenannten ABC-Inseln Aruba, Bonaire und Curaçao, die vor der Küste Venezuelas »unter dem Wind« liegen, also südlich des karibischen Hurrikangürtels. Außerdem gehören die sogenannten S-S-S-Inseln noch immer zu den Niederlanden: Saba, Sint Eustatius und Sint Maarten, die nördlicher liegen, d.h. »über dem Wind« und damit in hurrikangefährdetem Gebiet.

Endlich, nach einer gefühlten Ewigkeit, in der Anne von weiß hervorquellenden Augen und nass glänzenden Lippen belagert wurde, wendet sich der *Zwarte Piet* von Anne ab und rennt in eine andere Richtung.

Anne dreht den Kopf, zupft ihre Freundin an der Jacke und meint: »Sag mal Tomke, findest du das alles hier nicht etwas rassistisch? Ich meine, hier rennen offensichtlich weiße Menschen, die sich zum Klischee eines Schwarzen umgeschminkt haben, zur Belustigung durch die Menge und führen sich völlig übertrieben primitiv auf – wie Affen in einem Zoo!«

»Du bist Deutsche, oder?«, vernimmt Anne in diesem Moment eine verärgert klingende Männerstimme.

Anne dreht sich um. Dicht neben ihr steht ein junger, etwas dicklicher Niederländer, der einen kleinen blonden Jungen auf seinen Schultern trägt. »Ihr Deutschen habt ja immer etwas zu meckern und könnt uns nicht mal diesen Spaß lassen«, sagt er weiter und schaut Anne mit kleinen, milchig-blauen Augen durch die Gläser seiner Brille hindurch an: »Ihr solltet mal ganz ruhig sein, bei eurer Vergangenheit!«

Was ist da schiefgelaufen?

Anne hat sich diesmal in zweierlei Hinsicht in die Nesseln gesetzt. Erstens nimmt sie soeben an einem für Niederländer äußerst wichtigen Happening teil: der *Sinterklaas*-Parade durch Amsterdam! Wenn Anne noch eine Weile ausharrt, wird sie erleben, wie *Sinterklaas,* der niederländische Nikolaus persönlich, auf seinem Pferd an ihr vorbeireitet: Das ist für die Niederländer eines der größten Ereignisse im ganzen Jahr! Wenn Anne an dieser urniederländischen Tradition Kritik übt, muss sie sich auf harsche Gegenreaktionen gefasst machen.

Vom Schiff aufs Pferd: *Sinterklaas* kommt!

Sinterklaas, das ist der Mann mit dem langen weißen Bart, dem purpurroten Mantel und der Bischofmütze, bei uns bekannt als Nikolaus. Die historische Figur, die hinter dem niederländischen *Sinterklaas,* aber auch hinter allen anderen bekannten Nikolaus-Gestalten steht, ist Bischof Nikolaus von Myra, der Anfang des vierten Jahrhunderts in Kleinasien lebte und wirkte. Der niederländischen Legende nach wohnt *Sinterklaas* inzwischen jedoch in Spanien.

Sinterklaas ist in den Niederlanden ein Event, das sich von Mitte November bis hin zum eigentlichen Nikolaustag zieht, der in den Niederlanden auf dem 5. Dezember liegt, also einen Tag früher als in Deutschland. Diesem Ereignis fiebern nicht nur Millionen von Niederländern jedes Jahr entgegen, sondern auch Touristen aus aller Welt, die extra in die Niederlande reisen, um das einmal mitzuerleben. Alle niederländischen Kinder wissen, dass *Sinterklaas* auf einem großen, mit vielen *kadootjes* (Geschenken) beladenen Schiff aus Spanien anreist, Mitte November in einer niederländischen Hafenstadt anlegt, danach als Schutzheiliger der Seefahrer weitere niederländische Häfen besucht und schließlich nach Amsterdam weiterzieht. Dort warten schon alle auf ihn, sogar die Königin, die ihn – nach seinem fröhlichen Ritt auf einem Schimmel durch die Stadt – vor ihrem Palast empfängt.

> *Sinterklaas* kommt jedoch nicht allein: Er wird begleitet von
> kleinen schwarzen Männlein, den *Zwarte Pieten*, die als Vorge-
> schmack auf den eigentlichen Nikolaustag ein typisches und
> beliebtes Gebäck an die wartenden kleinen und großen Mäuler
> verteilen: *pepernoten* – nicht zu verwechseln mit den deutschen
> Pfeffernüssen, sondern sehr würzige Roggen-Anis-Plätzchen, die
> sowohl aufgrund ihrer Größe und der runden Form als auch in
> ihrer recht knackigen Konsistenz eher an Nüsse als an Plätzchen
> erinnern.

Anne scheint zweitens mit ihrem auf die *Zwarte Pieten* bezo-
genen Rassismusverdacht einen wunden Punkt getroffen zu
haben, sonst hätte der neben ihr stehende Niederländer nicht
so angefasst reagiert. Hat sie also mit ihrer Kritik vielleicht
nicht ganz Unrecht?

Fakt ist, dass der *Zwarte Piet* keine unumstrittene Figur
ist, auch wenn er zunächst einmal – ganz harmlos – als der
Helfer von *Sinterklaas* bezeichnet werden kann. Er ist also
vergleichbar mit Knecht Ruprecht, der auch in Deutschland
bekannt ist, obwohl der *Zwarte Piet* nicht als Einzelperson
in Erscheinung tritt, sondern immer massenweise oder zumindest in einer Gruppe. Fakt ist aber auch, dass der *Zwarte
Piet* mit seinem schwarz geschminkten Gesicht, der schwarzen, gekrausten Perücke, den rot geschminkten Lippen und
seinen bunten Hosen und Jacken im Stil des 17. Jahrhunderts
aussieht wie die etwas merkwürdig angezogene, ziemlich lä-
cherlich wirkende Karikatur eines Schwarzen.

Nur ein Kinderschreck? Der *Zwarte Piet*

Die Gestalt des Schwarzen Peters gibt es in der niederländischen
Sinterklaas-Tradition erst seit dem 19. Jahrhundert. Wie Knecht
Ruprecht, der im deutschen Sprachraum ab dem 17. Jahrhundert

als Helfer des Nikolaus bekannt ist, geht die Figur des *Zwarte Piet* aus der mittelalterlichen Gestalt eines »Kinderschrecks« hervor, der die Eltern bei der Erziehung der Kinder unterstützen sollte.

Davor reiste *Sinterklaas* alleine oder kam – wie auch in anderen Ländern üblich – in Begleitung des Teufels. Erst später entwickelte sich daraus die Figur des *Zwarte Piet:* Vielleicht, weil die weißen Europäer damals keinen Unterschied zwischen einem Schwarzen und dem Teufel machten? Vielleicht, so eine andere Theorie, weil der Helfer des *Sinterklaas* ein verrußter italienischer Schornsteinfeger war? Vielleicht, so glauben es andere, weil der Heilige Nikolaus einst einen schwarzen Sklavenjungen namens Petrus kaufte, der dann aus Dankbarkeit bei ihm blieb? Oder ist der Ursprung des Schwarzen Peters v.a. darin begründet, dass *Sinterklaas* dem Volksglauben nach in Spanien wohnt – einem Land, das früher von den Mauren (»Mohren«) besetzt war?

Höchstwahrscheinlich aber ist die Figur des *Zwarte Piet* ein Überrest aus der niederländischen Geschichte, d.h. aus jener Zeit, in der viele Niederländer als weiße Kolonialherren auftraten – und viele dunkelhäutige Menschen aus Afrika oder der Karibik als Sklaven leben mussten.

Anne hat mit ihrer kritischen Bemerkung tatsächlich ins Schwarze getroffen, denn dass sich viele Niederländer Jahr für Jahr mit schwarzer Farbe ein dunkles Gesicht malen und zur Belustigung der Menschen etwas dümmlich und drollig durch die Straßen und Häuser ziehen, wird auch in den Niederlanden seit spätestens den 1970er-Jahren kontrovers diskutiert und teilweise scharf kritisiert.

Auch wenn die Niederländer an ihrer Tradition bis jetzt festhalten – Unsicherheit herrscht diesbezüglich allerorten, wie die erregte Antwort des niederländischen Vaters sehr deutlich gezeigt hat. Zu sehr erinnert diese Show der »exotischen« Schwarzen an die sogenannten Minstrel Shows aus dem 19. Jahrhundert. Bei diesen Unterhaltungsshows, die vor allem in Nordamerika sehr beliebt waren, standen ein oder mehrere Clowns im Mittelpunkt: schwarz geschminkte, als stereotype Schwarze verkleidete Weiße. Diese schwarzen Figuren tanzten als singende, immerzu fröhlich lächelnde, naiv-dümmliche Sklaven durch die Show – als Sklaven, die trotz Ausbeutung ihr Dasein und auch ihre weißen Besitzer lieben. Manchmal traten auch Menschen auf, die tatsächlich dunkelhäutig waren, zum Beispiel die später als »Kaiserin des Blues« berühmte Bessie Smith (1894–1937), die durch diese demütigenden Auftritte zeitweise ihr Leben finanzierte.

So ist's *oranje*

Dass auch Niederländer Anstoß an der Tradition des *Zwarte Piet* nehmen, wird immer wieder deutlich: Schon im Jahr 2006 gab es Versuche niederländischer Medienunternehmen, statt der Schwarzen Peter bunte *(gekleurde) Pieten* auftreten zu lassen. Trotz der kindgerechten Begründung, ein Regenbogen hätte alle *Zwarte Pieten* bunt gefärbt, konnte sich diese Idee jedoch nicht durchsetzen.

Gegen die Tradition der schwarzen Helfer gibt es zahlreiche Aktionen. Eine Aktivistengruppe hat zum Beispiel ein Plakat mit dem Spruch entworfen: *Bestel nu zwarte Klaas en witte Piet!* (Sinngemäß: Schwarzer Klaus, bestell dir doch schnell noch einen weißen Peter!) Dass das Unbehagen am *Zwarte Piet* aber noch weitreichender und ernster ist, wurde bei einer *Sinterklaas*-Parade im November 2011 im niederländischen Dordrecht (Südholland) deutlich: Eine Gruppe Demonstranten, die friedlich am Straßenrand stand, wurde von der niederländischen Polizei brutal abgeführt. Warum? Zwei Schwarze, darunter der inzwischen bekannte Dichter Quinsy Gario von der niederländischen Insel Curaçao, trugen Transparente und T-Shirts mit dem Aufdruck: *Zwarte Piet* ist Rassismus! Weil sich die beiden Demonstranten trotz Aufforderung der Polizei weiterhin mit den bedruckten T-Shirts zeigten, wurden sie mit Gewalt vom Ort entfernt. Mindestens ein dunkelhäutiger Mann wurde von drei Polizisten inmitten der Menschenmasse gewaltsam zu Boden gedrückt und weggetragen, wie ein im Internet veröffentlichtes Handyvideo dokumentiert. Die Polizei versuchte später, sich mit einem allgemeinen Demonstrationsverbot zu rechtfertigen – der Kinder wegen.

Wie soll sich Anne nun zu den *Zwarte Pieten* stellen? Natürlich soll und kann sie ihre Bedenken und ihre Meinung frei äußern. Mit einem moralischen Zeigefinger muss sie trotzdem nicht spazieren gehen: Die Niederländer müssen selbst entscheiden, wie sie ihre Tradition bewerten.

Trotz begründeter Kritik ist das niederländische *Sinterklaas*-Fest in erster Linie ein friedliches und fröhliches Kinderfest: Nachdem *Sinterklaas* mit seinen schwarzen Helfern in Amsterdam einmarschiert ist, ist die Vorfreude bei den Kindern nicht mehr zu stoppen. Bald gibt es Geschenke und Süßigkeiten! Viele Kinder stellen nun ihre Schuhe mit handgeschriebenen Wunschzetteln vor den Kamin oder in den Hausflur, legen ein selbst gemaltes Gedicht für *Sinterklaas* und eine Möhre für sein Pferd hinzu und hoffen auf die Erfüllung ihrer Wünsche. Denn nachts, so die allgemeine Vorstellung, klettern die *Zwarte Pieten* die Kamine hinunter oder schleichen in die Hausflure und holen die Wunschzettel samt Beigaben ab. Ob sie wohl da waren, fragen sich die Kinder am nächsten Morgen? Ja, das sieht man doch an den kleinen Süßigkeitenhäufchen, die in oder neben den Schuhen, auf oder unter dem Kaminsims zurückgelassen wurden!

Am 5. Dezember ist dann endlich *pakjesavond* (Geschenkeabend)! Wenn es draußen dunkel wird, versammelt sich die Familie im Wohnzimmer und lauscht. Hat da nicht jemand geklopft? Schnell rennen die Kinder zur Tür: Vielleicht können sie noch einen Zipfel vom Mantel des *Sinterklaas* erspähen? Oder sie sehen einen *Zwarte Piet* um die Ecke wetzen? Steht dort nicht ein großer Sack vor der Tür? Oh, da wartet ja *Sinterklaas* persönlich!

Übrigens hat *Sinterklaas* nicht nur Geschenke für die Kinder in seinem Sack, sondern auch für Erwachsene. Sogar in den niederländischen Haushalten ohne Kinder werden am 5. Dezember Geschenke verteilt, auch wenn sie dann oft ein bisschen anders aussehen, nämlich kunstvoll verpackt oder mit selbstgeschriebenen, sehr persönlichen und humorvollen Gedichten versehen. Für alle, die nicht an den *Sinterklaas* glauben: Schon Wochen vorher bestimmt bei den Erwachsenen das Los, wer für wen ein Geschenk vorbereitet und ein Gedicht schreibt.

Süßigkeiten und Gebäck aus dem Sack von *Sinterklaas*

Neben den würzigen *pepernoten* finden sich noch andere typische Süßigkeiten im Sack von *Sinterklaas:* Zuallererst gibt es da die legendären *chocoladeletters,* große Buchstaben aus Schokolade, die wie in Deutschland der Schokoladennikolaus traditionell an *Sinterklaas* verschenkt werden. Jeder bekommt den ersten Buchstaben seines Vornamens in der Geschmacksvariante des Begehrens, also in Vollmilch-, Zartbitter-, weißer Schokolade usw. Wer Buchstaben aus Schokolade nicht mag, weicht aus auf sogenannte *banketletters,* die aus Blätterteig und einer Marzipanfüllung bestehen. Oder man probiert ein kleines süßes und knallbuntes Tierchen aus Zuckerschaum? Weitere Spezialitäten der *Sinterklaas*-Zeit sind *speculaas* in verschiedenen Variationen: *speculaasbrokken* (dicke Spekulatiuslebkuchen), *speculaasstroop-wafels* (Waffeln mit Sirup und Spekulatiusgewürz) oder *gevulde speculaas* (Spekulatiusküchlein mit *marsepein,* also Marzipanfüllung). Daneben gibt es auch eine Art Honiglebkuchen, der in den Niederlanden als *taaitaai* bezeichnet wird.

Amsterdam bei Nacht

Anne sitzt an ihrem kleinen Küchentisch, rührt in einer Tasse *thee,* nimmt einen Schluck und lehnt sich gemütlich zurück.

In der vergangenen Nacht ist Bente auf dem Flughafen Amsterdam Schiphol gelandet. Kurz zuvor hat er ihr noch eine SMS geschrieben: Er will sie heute Abend abholen und mit ihr die versprochene Grachtenrundfahrt machen, um sie danach in ein *bruin café* einzuladen.

»Braunes Café« ist nicht etwa die Bezeichnung für einen Treffpunkt von Leuten mit »brauner« Gesinnung, weiß Anne. Zwar hat sie das am Anfang ihres Aufenthaltes in Amsterdam kurz gedacht – aber inzwischen weiß sie es besser. Liberalismus und Toleranz werden hier schließlich groß geschrieben, auch wenn selbst in den Niederlanden in den vergangenen Jahren rechte Stimmen laut geworden sind.

Nein, *bruin café,* das ist die Bezeichnung für die typische Amsterdamer Kneipe – in London würde man ganz einfach *pub* dazu sagen. Es sieht in diesen alten *bruine cafés* übrigens auch so aus, wie in einem englischen Pub: Hier ist es gemütlich und urig, hier knarrt das braune und damit namengebende Holz der Böden, Tische und Stühle und an den Wänden lässt sich manch nostalgisches Erinnerungsstück aus Amsterdams Vergangenheit bestaunen. In einem *bruin café,* in das sich gewöhnlich kaum ein Tourist verirrt, kann man die Hektik des

Alltags vergessen. Auch in Annes Stadtteil – im Jordaan – gibt es eine Reihe dieser typischen Amsterdamer Kneipen.

Liberalismus und Toleranz

Im Ausland und bei den Niederländern selbst herrscht oft die Meinung, dass die Bewohner dieses kleinen Landes besonders tolerant und liberal eingestellt sind: Verschiedenste Lebensentwürfe würden toleriert, niemand würde schräg angeguckt, weil er irgendwie anders, z.B. homosexuell ist, jeder dürfte seine Meinung frei und ungestraft äußern, Ausländer wären willkommen und gleichberechtigt, es herrschte Religionsfreiheit, man duldete Prostitution, Drogen und Sterbehilfe.

Tatsächlich leben gerade in Amsterdam sehr viele Glaubensgemeinschaften nebeneinander, angeblich fast 180 und damit mehr als in New York; und im Umgang mit Menschen anderer Herkunft können die Niederlande als ehemalige Kolonialmacht auf einige Routine verweisen – v.a. Einwanderer aus dem asiatischen Kulturkreis gelten als gut integriert.

Das Bild der liberalen und toleranten Niederlande bröckelt jedoch seit einigen Jahren. Spätestens seit 1991 wurde das Thema Einwanderung immer stärker von den Parteien aufgegriffen: zuerst vom rechtsliberalen Frits Bolkestein von der *Volkspartij voor Frijheid en Democratie* (VVD) und später vom 2002 ermordeten Rechtspopulisten Pim Fortuyn, der mit seiner Wahlliste *(Lijst Pim Fortuyn)* aus dem Stand heraus 17 Prozent der Wählerstimmen gewinnen konnte. Nach der Ermordung des Islamkritikers Theo van Gogh 2004 brannten sogar Moscheen, und letztendlich führte der politische Mainstream restriktivere Einwanderungsgesetze ein.

Nach dem Besuch im *bruin café* lenkt Bente ein kleines, mit einem Elektromotor angetriebenes Boot durch die Grachten. Anne sitzt am Bug auf einer orangefarbenen Decke, hört, wie sich die kleinen Wellen an der Bootswand brechen, und bestaunt die Umgebung: Vom Wasser aus gesehen ist Amsterdam noch viel schöner, bezaubernder und faszinierender als von Land aus betrachtet! Sie fahren unter einer malerischen kleinen Brücke hindurch, dann weiter, an den alten Fassaden der Grachtenhäuser vorbei – sie sehen in der Dämmerung noch geheimnisvoller aus als bei Tageslicht. Dann wird es allmählich dunkel, Lichter erleuchten nach und nach die Gebäude und spiegeln sich auf dem Wasser.

»*Prachtig* (wunderbar), oder?«, fragt Bente und lächelt zu Anne hinüber. »*Ja, beeldschoon* (wunderschön)!« Anne lächelt zurück.

Bente rückt etwas näher an Anne heran und legt den Arm um sie: »Nach unserer kleinen Bootstour zeige ich dir Amsterdam bei Nacht auch noch vom Land aus«, sagt er und wirft Anne einen verschwörerischen Blick zu. Plötzlich ertönt eine laute Hupe. Bente reißt ruckartig das Ruder herum – ein größerer Dampfer kommt direkt auf sie zu.

Nach einigen Minuten steuert Bente eine Anlegestelle an. »Hier können wir das Boot zurückgeben, dann gehen wir zu Fuß weiter.« Anne späht zum Ufer hinüber. Inzwischen ist es ganz dunkel geworden.

Kurz darauf läuft sie neben Bente neben einer Gracht entlang. Sie und Bente sind aber nicht die einzigen – hier ist um diese Zeit wirklich viel los! Alle möglichen Menschen, offensichtlich auch viele Touristen sind auf den Beinen und ziehen lauthals mit in ihre Richtung. Bente legt erneut den Arm um sie: »Hey, du hast mir wirklich gefehlt.«

Anne will zurücklächeln, doch plötzlich sieht sie aus dem Augenwinkel ein rot erleuchtetes Fenster: Hinter der Glasscheibe räkelt sich eine halbnackte Frau. Vor dem Fenster steht ungeniert ein junges Pärchen. Doch damit nicht genug: Gleich daneben sieht Anne das nächste Fenster, ebenfalls grell erleuchtet, und gleich dahinter ist noch eins. Auch in den oberen Stockwerken sind die Fenster in rotes oder pinkfarbenes Licht getaucht. Anne blickt sich etwas verunsichert um: An beiden Ufern der Gracht sieht es nicht anders aus. In fast jedem der typischen alten Grachtenhäuser leuchten rote Lichter.

Anne zuckt zusammen, als wenige Schritte entfernt jemand laut grölt. Ganz in der Nähe steht eine Gruppe angetrunkener junger Männer. Anne macht einen Schritt zur Seite, aber vor sich auf dem Boden entdeckt sie viele Scherben und daneben eine grünliche Flüssigkeit. Es müffelt, in der ganzen Straße müffelt es. Anne schüttelt Bentes Arm ab und weicht den Scherben aus. Dabei geht ihr Blick in eine kleine Seitengasse: Steht dort ein junger Mann und pinkelt gegen die Hauswand?

Natürlich weiß Anne, wo sie sich befinden: Bente ist mit ihr in den berühmt-berüchtigten Stadtteil De Wallen, Amsterdams Rotlichtviertel, gefahren. Musste das sein? Für ihr Rendezvous hatte sie auf ein passenderes Ambiente gehofft.

»*Hey Anne!*« Bente sieht sie etwas besorgt an: »Wir sind gleich da! Gleich um die Ecke ist ein Club, in dem richtig gute Livemusik gespielt wird. Aber davor wollte ich dir mal zeigen, wo es Schwarzen Afghanen gibt!«

Anne schüttelt den Kopf. Sie hat keine Lust auf einen Club mit halbnackt tanzenden Frauen – Livemusik hin oder her. Und Schwarze Afghanen? Schon wieder so was? Das mit den *Zwarte Pieten* hat ihr eigentlich gereicht. Was ist bloß in Bente gefahren?

»Weißt du was, Anne, du siehst etwas geschockt aus. Vielleicht hilft jetzt ein *kopstoot?*«

Ein Kopfstoß? Anne sieht Bente verdattert an. Vielleicht hat sie sich doch in ihm getäuscht.

Was ist da schiefgelaufen?

Bente will Anne keinen klaren Kopf verschaffen, indem er ihr auf den Kopf haut oder indem er ihr – wie der französische Fußballspieler Zinédine Zidane im Endspiel der Weltmeisterschaft 2006 gegen den Italiener Marco Materazzi – seinen Kopf vor den Körper stößt. So etwas erwartet Anne sicherlich auch nicht. Was aber ist dann ein *kopstoot*?

Ein *kopstoot* ist ein typisch niederländischer Umtrunk: Er besteht – natürlich nicht vermischt, sondern schön neben- oder nacheinander getrunken – aus einem Bier und einem alten Jenever. Das wärmt schön von innen und macht den Kopf frei!

Vielleicht hat Anne einen solchen *kopstoot* aber auch gar nicht nötig? Bente könnte Anne auch ganz einfach erklären, dass der Club, in den er sie führen will, kein Rotlichtclub ist, denn *op De Wallen* ist nicht nur das Rotlichtgewerbe zu Hause, sondern hier gibt es auch viele angesagte Szenelokale. Hier ziehen nicht nur Gaffer und Sextouristen durch die Straßen, sondern auch Menschen, die gute Musik hören oder in einem In-Club tanzen wollen.

Außerdem war mit »Schwarzer Afghane« nun wirklich kein Mensch gemeint. Bente wollte Anne eine andere Seite von Amsterdam zeigen, die eben auch zu dieser Stadt und zu den Niederlanden gehört – so wie die Grachten, die Museen und die Fahrräder. Er wollte ihr einen der berühmt-berüchtigten Coffeeshops zeigen. Davon, dass man in diesen Läden sogenannte weiche Drogen – also Cannabisprodukte – kaufen kann, hat Anne doch sicher schon einmal gehört!

In Coffeeshops gibt es wie in einem normalen Café kleine Karten, auf denen die einzelnen Cannabissorten samt Preis notiert sind. Eine dieser Sorten ist der aus Mittelasien importierte Schwarze Afghane. Anne kann aber beruhigt sein: Bente wollte keinen Joint mit ihr rauchen, sondern ihr lediglich zeigen, wie ein solcher Coffeeshop von außen aussieht – nämlich relativ unscheinbar.

Drogenpolitik

In den Niederlanden gibt es seit 1976 sogenannte Coffeeshops, in denen Personen ab 18 Jahren legal bis zu fünf Gramm Cannabis kaufen dürfen. Hintergrund dieser Drogenpolitik ist die Überlegung, dass Konsumenten weicher Drogen beim Kauf auf der Seite des Gesetzes bleiben und nicht in Kontakt mit Händlern kommen sollen, die auch andere, weitaus gefährlichere Drogen an den Mann bringen wollen. Dass diese Politik durchaus Erfolg hat, beweist der Rückgang der Drogensterblichkeit in den Niederlanden in den vergangenen drei Jahrzehnten, während der Konsum von Cannabis nicht höher ist als in den anderen europäischen Ländern auch.

Etwas problematisch an dieser Drogenpolitik ist, dass der kommerzielle Handel mit Cannabis ebenso verboten ist, wie der kommerzielle Anbau der Pflanze. Dadurch steht die Tolerierung der Coffeeshops auf tönernen Füßen: Wie sollen die Betreiber solcher Läden eigentlich an die Produkte kommen, wenn nicht auf illegalem Wege?

Ein weiteres Problem war lange Zeit der Drogentourismus – schließlich gibt es in den Nachbarländern keine Möglichkeiten, halbwegs legal Drogen zu kaufen, weshalb Interessenten gerne die kleine Shoppingtour ins nahe gelegene Nachbarland auf sich genommen haben. Mit einem neuen Gesetz wollte man dem Drogentourismus den Wind aus den Segeln nehmen: Ab 2013 sollten nur noch volljährige niederländische Staatsbürger die Coffeeshops betreten dürfen und sich zudem als Mitglieder registrieren lassen müssen: Sie müssen einen sogenannten *Wietpas* erwerben. Die 2012 gewählte neue niederländische Regierung versprach jedoch, diese Regelung wieder zu kippen, zumal der Straßenhandel mit Drogen stark angestiegen war, seit man den *Wietpas* eingeführt hatte.

So ist's *oranje*

In Amsterdam gibt es viel zu entdecken – und zwar nicht nur tagsüber! Amsterdam bei Nacht, das ist schon fast legendär. Anne verpasst viel, wenn sie bei ihrem Aufenthalt in dieser Stadt nicht ein paar Streifzüge durch die Nacht unternimmt. Hierbei sollte sie keine Hemmungen haben, wenn Bente ihr zum Beispiel vorschlägt, eine Bar im »Rotlichtviertel« zu besuchen – das liegt dann nämlich daran, dass auch viele der »ganz normalen« Kneipen hier angesiedelt sind.

Also Anne, los geht's, wenn es dunkel wird: Dann füllen sich die Straßen rund um den Leidseplein, im Jordaan und im Rotlichtviertel De Wallen. Jetzt öffnen die *bruine cafés*, die Bars, Discos und Clubs, in denen Musik von der Platte oder live gespielt wird. Und wie wäre es mit einem Besuch im Theater? Hier findet sich sicher auch ein interessantes Kabarett! Und wer es gemütlicher mag, der kann sich in eines der vielen Kinos lümmeln, Popcorn futtern und einen Film in Originalfassung mit Untertiteln ansehen.

30 Post am laufenden Meter

Traditionelles rund um Weihnachten

Anne steht mit Bente, Tomke und Jeroen am Rand der Keizersgracht, mit Mützen auf dem Kopf, in warme Jacken eingemummelt und vor allem: mit Schlittschuhen in den Händen!

Tomke zieht sich die Mütze tiefer ins Gesicht und ruft: »Das hier ist das Schönste, was Amsterdam, nein: was die Niederlande zu bieten haben: *schaatsen* (Schlittschuhlaufen) auf den zugefrorenen Grachten!«

»Die Chancen stehen nicht schlecht, dass wir in diesem Winter viel *schaatsen* können – bei den Minusgraden, die angekündigt sind«, mischt sich Jeroen ein. »Anne, ich hoffe, dir passen meine alten *schaatsen* (Schlittschuhe)!«

»Ja, es soll noch richtig kalt werden! Wenn wir Glück haben, gibt es in diesem Winter wieder den *Elfstedentocht!*« Bente dreht ein paar Kreise auf dem Eis und beobachtet, wie Anne langsam und sehr wackelig versucht, sich in seine Richtung zu bewegen.

»Mein *schatje,* das solltest du aber noch üben«, schmunzelt er zu Anne gewandt.

»Von wegen!« erwidert Anne und stakst vorsichtig weiter.

Schlittschuhlaufen und *Elfstedentocht*

Die Niederlande gelten als eislaufverliebte Nation – kein Wunder: Wo sonst kann man so wunderbar eislaufen wie auf den zugefrorenen Grachten, Kanälen und den übrigen unzähligen Wasserflächen der Niederlande. Wo sonst kann man auf Schlittschuhen ganze Landstriche überfliegen – vorausgesetzt natürlich, es ist kalt genug und die Eisflächen haben die nötige Dicke. Dann jedoch sind die meisten Niederländer nicht mehr zu bremsen!

Viele hoffen jedes Jahr auf ein Neues, dass der Frost nicht nachlässt, dass er die Landschaft so lange im Griff hat, bis es zu jenem Ereignis kommt, das über die Niederlande hinaus berühmt ist: das sogenannte *Elfstedentocht* (Elf-Städte-Tour), also jener großartige Wettlauf auf dem Eis, der nur in besonders strengen Wintern stattfinden kann. Eine fast 200 Kilometer lange Natureisstrecke verbindet dann elf friesische Städte und fordert viele Tausend Eisläufer zu einem Wettkampf heraus, den mehrere Millionen Zuschauer live vor Ort oder im TV mitverfolgen. Der letzte *Elfstedentocht* fand übrigens vor 15 Jahren statt, im Jahr 1997.

Nach dem Schlittschuhlaufen verabschieden sich Tomke und Jeroen. Anne und Bente schlendern noch ein bisschen an den Grachten entlang, was langwierig ist – ständig bleiben sie stehen und küssen sich. Dann wird es ihnen aber doch irgendwann zu kalt und sie beschließen, sich bei Bente etwas aufzuwärmen und ein *kopje koffie* zu trinken. Während Bente in der WG-Küche Kaffee kocht, sitzt Anne auf seinem Bett in seinem kleinen Zimmer, reibt sich die eiskalten Hände warm und probiert von den *pepernoten*, die in einem Schälchen auf seinem Nachttisch stehen. Anne wundert sich über eine Schnur, die quer durch den Raum gespannt ist und an deren Ende einige Karten befestigt sind – mit Wäscheklammern!

»Hängst du hier deine Wäsche auf?«, fragt sie Bente, als er mit zwei Tassen Kaffee den Raum betritt.

»Gute Idee!« Bente drückt ihr eine Tasse Kaffee in die Hand. »Wenn ich weiterhin so wenig Post bekomme, könnte ich das wirklich machen.«

Anne versteht nicht genau, was Bente damit meint, aber nach den ganzen Missverständnissen der letzten Zeit, wechselt sie lieber schnell das Thema: »Sag mal Bente, du weißt ja, ich verbringe Weihnachten bei Tomke und ihrer Familie. Wo bist du denn über die Feiertage?«

»Ich bin auch zu Hause bei meiner Familie, in Zaandam in der Nähe von Amsterdam. Das wird wie immer ein ganz ruhiges Fest. Meine Eltern, meine vier jüngeren Geschwister und ich, wir gehen alle zusammen um Mitternacht in die Kirche.«

»Dann gibt es bei euch die Bescherung wahrscheinlich vor der Kirche?« Anne nippt an ihrem Kaffee und erklärt: »In meiner Familie machen wir es immer genau andersrum – zuerst die Kirche, dann die Geschenke.«

»Nein, bei uns gibt es überhaupt keine Geschenke zu Weihnachten« antwortet Bente. »Das war schon immer so.«

Anne schaut betreten zu Boden. Dass Bente so arm ist, hat sie nicht gewusst! Keine Geschenke zu Weihnachten! Sie streicht Bente über den Arm. Wahrscheinlich konnte er ihr das nur jetzt sagen, wo sie alleine sind, unter vier Augen.

»Geschenke sind nicht so wichtig!« sagt sie, versucht, fröhlich zu klingen, und fügt etwas unbeholfen hinzu: »Wir sollten froh sein, wenn wir gesund sind, dass unsere Familien gesund sind, dass alle genug zu essen haben und dass es keinen Krieg gibt!«

Bente stutzt, dann muss er schmunzeln: »Willst du mich trösten?«

Was ist da schiefgelaufen?

Annes Mitleid war gar nicht nötig: Dass es bei Bente zu Weihnachten keine Geschenke gibt, hat in diesem Fall nichts mit Armut zu tun, sondern mit Tradition. Schließlich werden in den Niederlanden schon am Nikolausabend die großen Geschenke verteilt!

Nicht für den Weihnachtsmann oder für das Christkind schreiben die niederländischen Kinder ihre Wunschzettel, sondern für den *Sinterklaas!* Für *Sinterklaas* malen sie kleine Bildchen, basteln aber auch für die übrigen Familienmitglieder kleine Geschenke, verfassen Gedichte und warten aufgeregt auf den großen Moment – den *pakjesavond* (Geschenkeabend) am 5. Dezember!

Op kerstavond (am Heiligabend) ist deshalb das Geschenke-Thema schon abgehakt – die Kinder rechnen, wenn überhaupt, nur mit Kleinigkeiten. Der 24. Dezember ist in den Niederlanden ein eher besinnlicher Abend, an dem gemeinsam gegessen und die Messe besucht wird.

Die Schnur in Bentes Zimmer, über die sich Anne gewundert hat, hat übrigens auch etwas mit Weihnachten zu tun: Ähnlich wie die Briten lieben Niederländer das Kartenschreiben, vor allem aber, Postkarten zu bekommen. Da werden Weihnachtskarten mit allen erdenklichen Motiven von Kitsch bis Kunst gekauft, gebastelt und verschickt. In den einzelnen Karten steht dann oft nicht mehr als ein knapper, recht unpersönlicher Gruß, manchmal sogar lediglich die Unterschrift der Absender. Das gilt in Deutschland im privaten Bereich schon fast als unhöflich! Nicht so in den Niederlanden: Hier zählt in diesem Fall mehr Masse als Klasse. Deshalb werden die erhaltenen Karten zum Beispiel an Schnüren im gesamten Wohnbereich aufgehängt und zur Schau gestellt, frei nach dem Motto: Seht her, so viele Karten habe ich schon bekommen!

Bentes Schnur war noch ziemlich leer – aber das kann sich bis Weihnachten ja noch ändern!

So ist's *oranje*

Wenn Anne *Kerstmis* (Weihnachten) bei ihrer Freundin Tomke verbringt, kann sie sich auf einen besinnlichen Abend freuen: Nach oder vor dem Abendessen geht man gemeinsam in die Kirche. Natürlich werden dort und zu Hause auch Weihnachtslieder gesungen, und es gibt auch einen schön geschmückten Weihnachtsbaum. Der Weihnachtsbaum wird aber nicht, wie in Deutschland allgemein üblich, erst Heiligabend aufgestellt, sondern meist schon viel früher, nämlich bald nach dem 6. Dezember, wenn *Sinterklaas* gerade wieder das Land verlassen hat.

Unter einigen niederländischen Weihnachtsbäumen liegen in jüngster Zeit übrigens auch Geschenke – sehr zum Ärger verschiedener niederländischer Vereine, die für den ungetrübten Fortbestand des *Sinterklaas*-Brauchs eintreten.

Den ersten und zweiten Weihnachtstag feiern Niederländer ähnlich wie die Deutschen im Familienkreis, zum Beispiel bei einem festlichen Braten oder einem *gezelligen* Fondue. Natürlich dürfen auch süße Leckereien wie etwa *pepernoten* oder *speculaas* in allen Variationen und ein *lekker kopje koffie* nicht fehlen.

Oliebollen und kein Blatt vor dem Mund

Aus dem Herzen keine Mördergrube machen

Weihnachten ist vorüber, Silvester steht vor der Tür und für Anne neigt sich ein spannendes, oft aufregendes, aber vor allem schönes Jahr dem Ende zu. Nicht nur ein bisschen, nein: ganz viel Wehmut verspürt sie bei dem Gedanken, dass sie in wenigen Tagen die Heimreise nach Deutschland antreten wird. Der Kunstakademie hat sie schon vor Weihnachten Adieu gesagt, von Tomke hat sie sich bereits nach einem schönen, besinnlichen Weihnachtsfest verabschiedet und bald muss sie auch Jeroen und Bente für eine unbestimmte Zeit Lebwohl sagen – ach, könnte sie die Uhr nur anhalten, würde der heutige Silvesterabend doch nie beginnen oder zumindest nie enden!

Doch die Zeit, die Anne damit verbringt, in ihrem Skizzenbuch die letzten Zeichnungen zu verbessern, zu frühstücken, ausgiebig zu duschen, die Haare zu föhnen, eine Frisur zu flechten, sich dreimal umzuziehen, bis sie endlich einigermaßen zufrieden in einem schwarzen Kleid mit weißen Punkten vor dem Spiegel steht, die Zeit schreitet unerbittlich voran: Schon klingelt Jeroen an der Tür, schon sitzen sie bei ihm im Auto, laufen die Treppe zu Bentes WG hinauf, schon begrüßen sie ihn, seine Mitbewohner und drei weitere Gäste.

Nun sitzt Anne auf einem Korbstuhl in der Küche der Studentenwohnung, nascht köstliche *oliebollen*, beobachtet Bente in seinem grünen Lieblingspullover, wie er im Flur mit Jeroen herumalbert, und unterhält sich mit Kristiina, Bentes neuer Mitbewohnerin.

Probier mal: *Oliebollen*

Die Niederländer feiern Silvester, d.h. den *oudejaarsavond*, so ähnlich wie die meisten Menschen auf der Welt: Sie treffen sich im kleinen oder großen Kreis, essen etwas Leckeres, trinken, tanzen, machen Spiele – und am Schluss wird das neue Jahr mit einem Feuerwerk willkommen geheißen. Dann heißt es wieder: *Gelukkig nieuwjaar!*

Eine Spezialität, die von Niederländern an diesem Abend gerne verspeist wird, sind die sogenannten *oliebollen* – kleine, frittierte Bällchen aus Hefeteig.

Zubereitet wird ein Teig, der für 6–8 Personen reicht, aus etwa 350 ml lauwarmer Milch, 500 g Mehl, etwas mehr als einem halben Würfel Hefe, 50 g Zucker, 2 Eiern, etwas Salz, etwas Butter, ausreichend Öl zum Frittieren und massenweise Puderzucker. Der Hefeteig sollte mindestens 1 Stunde aufgehen, erst dann können mit Löffeln kleine Bällchen geformt und in heißem Fett ausgebacken werden. Die fertigen *oliebollen* etwas abtropfen lassen und dick mit Puderzucker bestreuen. *Lekker!*

»Gehst du morgen zum *nieuwjaarsduik?*«, fragt Kristiina, während sie eine neue Ladung *oliebollen* aus der Fritteuse fischt. »Du weißt doch, traditionell rennen oder tauchen Niederländer am Neujahrsmorgen in irgendein eiskaltes Gewässer hinein! Wir gehen jedes Jahr zum Sloterplas, das ist ein See im Westen von Amsterdam.«

»Ja, vielleicht gehe ich auch hin. Bente versucht schon seit Tagen, mich dazu zu überreden.«

»Ach, stimmt, du bist die neue Freundin von Bente.« Kristiina mustert Anne interessiert. »Bist du sehr verliebt?«

Wie bitte? Anne wird rot – sie weiß nicht so recht, was sie sagen soll. So eine blöde Frage, denkt sie. Ich kenne Kristiina gerade mal seit ein paar Minuten und schon fragt sie mich so was Intimes.

»Bente hat erzählt, du musst bald schon wieder abreisen – stimmt das?« Kristiina streut dicke Schichten Puderzucker auf die *oliebollen* und leckt sich genussvoll die Finger ab. »Wie soll es denn dann mit euch weitergehen? Habt ihr schon was geplant? Kommt Bente dich bald besuchen? Meinst du, es ist etwas Ernstes mit euch beiden? Läuft es denn gut zwischen euch?«

Das wird ja immer besser. Von Höflichkeit und Zurückhaltung hat Kristiina anscheinend noch nichts gehört. Anne hat keine Lust, auf diese persönlichen Fragen zu antworten – selbst sie und Bente haben noch kaum darüber gesprochen, wie es mit ihnen weitergehen soll, auch wenn sie seit seiner Rückkehr vor drei Wochen unzertrennlich sind. Warum fragt Kristiina so persönlich? Will sie Anne aushorchen?

»Darüber müssen wir noch reden«, antwortet Anne knapp.

»Ja, das würde ich machen, sonst schnappt ihn dir jemand weg! Stell dir vor, das habe ich vor einiger Zeit selber erlebt!« Kristiina grinst verschwörerisch über den Tisch, öffnet ein Bier und schiebt es zu Anne hinüber. »Du bist ja nicht blöd, oder?«, raunt sie und tippt mit dem Finger an ihre Stirn.

Hat diese Kristiina ihr jetzt einen Vogel gezeigt? Was soll das überhaupt, dieses Gerede? Wer soll ihr Bente denn wegschnappen? Vielleicht Kristiina selbst? Das geht ihr langsam zu weit. Ist Kristiina vielleicht betrunken? Anne lächelt ihr halbherzig zu, nimmt ihr Bier, steht auf und verlässt die Küche. Wo ist Bente überhaupt?

Was ist da schiefgelaufen?

Zum Abschluss des Jahres und zum Ende ihres Aufenthaltes in den Niederlanden hat Anne noch einmal hautnah erlebt, dass die Unterschiede in Kultur und Mentalität der beiden Nachbarländer nicht zu unterschätzen sind. Anne fand Kristiina ungewöhnlich direkt, ja: unverschämt, weil sie ihr überraschend private Fragen gestellt hat. Das ist für einen Menschen mit deutschem Hintergrund recht ungewöhnlich und kann fast als Grobheit im persönlichen Umgang empfunden werden. Hat Kristiina etwa nicht gelernt, wie man sich anständig benimmt?

Mit solchen Gedanken befindet sich Anne jedoch auf dem Holzweg: Kristiina ist keineswegs die besonders unverfrorene, neugierige oder einfach schlecht erzogene junge Frau, für die Anne sie hält. Und Anne ist umgekehrt keine eigenartig reservierte, ganz und gar verklemmte oder über die Maßen schüchterne Person – das könnte nämlich Kristiina denken. Es sitzen sich vielmehr zwei junge Menschen aus zwei verschiedenen Kulturkreisen gegenüber, die nicht nur aneinander vorbeireden, sondern sich gegenseitig falsch einschätzen. Warum?

Hätte sich Anne während der Unterhaltung mit Kristiina vor Augen geführt, dass Kristiina als Niederländerin eben ein etwas anderes Verständnis von Höflichkeit, Anstand und Respekt hat als sie selbst, dann hätte sie die Worte Kristiinas nicht so auf die Goldwaage gelegt, sondern wäre ihnen mit einem Lächeln im Gesicht begegnet. Denn für Niederländerinnen ist es nicht nur eine Frage der Höflichkeit, schnell Du zu sagen, auch wenn man den Gesprächspartner gerade erst kennengelernt hat (siehe Kapitel 14: »(K)Eine Frage der Höflichkeit«, S. 105). Es ist es auch eine Frage der Höflichkeit, schnell persönliche Dinge zur Sprache zu bringen, sich ganz direkt nach dem persönlichen Befinden des Gesprächspartners zu erkundigen und auch eigene private Erlebnisse ohne Scham oder Verlegenheit zu erzählen.

Für Niederländer ist es übrigens genauso merkwürdig, mit Menschen zu kommunizieren, die aus ihren Herzen eine Mördergrube machen, sich also nicht offen äußern. Denn warum eigentlich nicht? Schließlich ist man sich doch sympathisch! Auch im Geschäftsleben haben Niederländer übrigens die Angewohnheit, private Themen zum Gesprächsstoff zu machen – sei es aus Neugier oder einfach deshalb, weil man gerne wissen möchte, mit wem man es zu tun hat.

So ist's *oranje*

Anne hat sich die Silvesterfeier nicht durch kulturelle Missverständnisse vermiesen lassen. Sie ist zwar aus der Küche gestürmt, aber als sie Bente im nächsten Zimmer gefunden hat, hat sie ihm gleich von ihrem Ärger erzählt. Bente hat Anne kurzerhand in die Küche zurückgeschleppt und beide Frauen mit dem Missverständnis konfrontiert. Schließlich sind Niederländer nicht nur für ihre auffallende Direktheit bekannt, sondern auch dafür, zwischenmenschliche Probleme oder Missverständnisse sofort anzusprechen. Angemessene Kritik darf und soll möglichst umgehend geäußert werden.

Anne und Kristiina haben deshalb sofort zur Sprache gebracht, was als störend empfunden wurde. Anne konnte Kristiina erklären, dass ihr die Fragen zu persönlich waren und

Kristiina konnte ihre Verwunderung über Annes Reaktion äußern. Am Ende mussten beide herzlich lachen, denn als Anne Kristiina fragte, warum diese ihr einen Vogel gezeigt hat, kam ein weiteres Missverständnis ans Licht. Gut, dass auch das gleich geklärt werden konnte: Sich mit dem Zeigefinger an die Stirn bzw. an die Schläfe zu tippen, war nämlich kein Akt der Unhöflichkeit. Bei Deutschen wird diese Geste allgemein mit »jemandem einen Vogel zeigen« umschrieben und bedeutet so viel wie: »Du hast sie ja nicht mehr alle.« Bei Niederländern dagegen bedeutet sie etwas anderes, nämlich: »Bin ich nicht schlau?«, oder auch: »Hey, du hast echt Köpfchen!«

Epilog

Gelukkig nieuwjaar!

Am nächsten Morgen steht Anne ziemlich verkatert, halbnackt und zitternd am Sloterplas. Neben ihr stehen Bente, Jeroen, Kristiina und viele andere ebenfall nur mit Badehose oder Bikini bekleidete, vor Kälte schnatternde Niederländer und warten auf ihre persönliche Neujahrstaufe. Moment, einige Wartende haben – neben der Badehose – doch noch etwas anderes an: Viele tragen seltsame Kopfbedeckungen, merkwürdige orangefarbene Mützen oder schwarze Perücken! Etwas verrückt, typisch niederländisch eben.

Plötzlich wird zu zählen begonnen: »*Tien, negen, acht, zeven, zes, vijf, vier, drie, twee, een ...*« – und los! Unter lautem Gekreische und Geschrei laufen alle – auch Anne – ins Wasser. Autsch, das ist eiskalt! Anne schüttelt sich und hüpft von einem Bein aufs andere – jetzt ist sie wirklich wach! Jetzt beginnt das neue Jahr!

»Anne, sag mal«, ruft Bente, als sie Hand in Hand aus dem Wasser rennen, »mach doch aus deinen neun Monaten ein ganzes Jahr! Bleib doch noch etwas länger! Klar, du musst übermorgen deine Wohnung räumen, aber du könntest einfach bei mir wohnen!« Bente wirft Anne ein Handtuch zu: »Mein Semester beginnt erst im März – wir könnten zusammen durch das Land touren. Du weißt ja: Es gibt noch einiges zu entdecken!«

Warum eigentlich nicht? Anne trocknet sich ab, rubbelt ihre vor Kälte taube Haut warm und strahlt Bente an. Vielleicht wird es doch noch ein ganzes Jahr! Oder mehr? Es hat ja eben erst begonnen ...

Glossar

ABC- und S-S-S-Inseln	zwei Inselgruppen in der Karibik, übrig geblieben von den niederländischen Kolonien und heute noch zum Königreich der Niederlande gehörig (ABC-Inseln: Aruba, Bonaire und Curaçao; S-S-S-Inseln: Saba, Sint Eustatius und Sint Maarten)
Afsluitdijk	Abschlussdeich: Sperrdamm am Eingang der einstigen ▶ Zuiderzee; trennt das heutige IJsselmeer vom Wattenmeer; 32 Kilometer lang und 90 Meter breit; errichtet zwischen 1927 und 1932
Albert Heijn	niederländische Supermarktkette
Amsterdam	Hauptstadt der Niederlande (aber nicht Regierungssitz) mit einem der größten Binnenhäfen Europas; mit fast 800.000 Einwohnern bevölkerungsstärkste Stadt der Niederlande
arbodienst	arbeitsmedizinischer Dienst; hilft Arbeitgebern, Arbeits- und Fehlzeiten von Arbeitnehmern zu koordinieren; leistet Hilfestellung bei der Reintegration in den Beruf
AWBZ	*Algemeen Wet Bijzondere Ziektekosten;* niederländische Pflichtversicherung, die v.a. Langzeitrisiken wie ambulante oder stationäre Pflegeleistungen von über einem Jahr versichert
baaldag	»schlechter Tag« als Grund für eine Krankmeldung
badkuip	Badewanne; Bezeichnung für den Neu- bzw. Anbau des Stedelijk Museums für Moderne Kunst in Amsterdam durch den Architekten Mels Crouwel
bakfiets	klobiges Transportfahrrad mit einer Holzkiste zwischen Lenker und Vorderrad

basisschool	Schule, die niederländische Kinder vom 4.–12. Lebensjahr besuchen
Beatrix I.	seit dem 30. April 1980 Königin der Niederlande; geb. am 31. Januar 1938 in Baarn
beschuit met muisjes	runder Zwieback, der mit kleinen umzuckerten Anissamen in Blau oder Rosa belegt ist und bei der Geburt eines Kindes gereicht wird
bewaakte fietsenstalling	bewachter Fahrradabstellplatz (in manchen Fällen kostenlos)
Bijbelgordel	Bibelgürtel: schräg durch das Land verlaufende Zone, in der viele strenggläubige Reformierte leben
Binnenhof	Innerer Hof: Parlamentsgebäude in Den Haag; Zentrum des politischen Lebens der Niederlande
bitterballen	kugelförmiger Fleischkloß bzw. Fleischkrokette
borrel	Umtrunk: findet in den Niederlanden als gesellschaftliches Ereignis ca. zwischen 17 und 19 Uhr statt
borrelhapjes	kleine Leckereien, die beim ▶*borrel* gereicht werden
brugklas	Übergangsklasse zwischen ▶*basisschool* und weiterführender Schule
bruin café	typische Amsterdamer Kneipe mit oft brauner Inneneinrichtung aus Holz
calvinisme	Calvinismus: auf den Lehren Johannes Calvins (1509–1564) fußende reformierte, für die Niederlande prägende Form des Christentums
chocoladeletters	große Buchstaben aus Schokolade in verschiedenen Sorten; werden traditionell zum ▶*Sinterklaas*-Fest verschenkt
coffeeshop	Verkaufstelle für weiche Drogen
Deltawerken	Deltawerke: Schutzsystem gegen Hochwasser und Sturmfluten mit Schwerpunkt in der ▶*provincie* Zeeland
Den Haag	Regierungssitz der Niederlande; Hauptstadt der ▶*provincie* Südholland; seit 1831 Residenzort des Königshauses

dijk	Deich: künstlich aufgeschütteter Damm entlang eines Gewässers zum Schutz gegen Überschwemmungen und Hochwasser
doorzonwoning	typisch niederländische, »durchsonnte« Wohnung, die einen Durchblick von der Straßenfront bis in den Garten erlaubt
dropjes	niederländische Lakritzbonbons oder Salmiakpastillen in allen erdenklichen Formen, Farben und Geschmacksrichtungen
Elfstedentocht	Elf-Städte-Tour: größtes Natureis-Langstreckenrennen im Eisschnelllauf; findet in strengen Wintern auf zugefrorenen Kanälen, Seen und Flüssen der niederländischen ▸ *provincie* Fryslân statt und führt an elf friesischen Orten entlang
erwtensoep	Erbsensuppe: für die Niederlande typisches Gericht (zum Mittagessen)
fiets	Fahrrad
Floating Homes	schwimmende Häuser, die bei Hochwasser mit aufsteigen
fluisterbootjes	Flüsterboote: mit Elektromotor angetriebene Boote
Frau Antje	Käsemädchen; Werbefigur im deutschen Fernsehen für Käse aus »Holland«
friet, patat	Pommes frites: für die Niederlande typisches Gericht; populäre Sorten: *friet speciaal* (mit Majo, Curryketchup und gehackten rohen Zwiebeln), *friet saté* bzw. *friet pindasaus* (mit heißer Erdnusssoße), *friet oorlog* (mit Majo, Zwiebeln und Erdnusssoße)
frikandel	Fleischrolle; niederländische Fast-Food-Spezialität
Geest	sandiger Boden in Limburg; besonders gut für den Spargelanbau geeignet
gezellig	gesellig, gemütlich, angenehm
Giethoorn	kleiner Ort in der ▸ *provincie* Overijssel; wegen der vielen Grachten auch als »Grünes Venedig« bekannt

Gouden Eeuw	Goldenes Zeitalter: wirtschaftliche und kulturelle Blütezeit der Niederlande, die ungefähr das 17. Jahrhundert umfasst
gracht	Kanal, Graben, Wasserweg
Grote Rijkswapen	Großes Reichswappen der Niederlande
hagelslag	Schokostreusel in verschiedenen Sorten, die als Brotbelag verwendet werden
haringhappen	niederländischer Lieblingssnack; in Deutschland eher bekannt als Matjes
HAVO	*Hoger Algemeen Voortgezet Onderwijs;* Einrichtungen der allgemeinen Sekundarbildung nach ▶*basisschool* und ▶*brugklas* mit einer Dauer von fünf Schuljahren
hijsbalken	typischer Aufzugbalken außerhalb von Amsterdamer Grachtenhäusern für Transporte in höhere Stockwerke
Holland	Oberbegriff für die zwei ▶*provincies* Nord- und Südholland
hutspot	Variation eines ▶*stamppot* aus Kartoffeln, Möhren, Zwiebeln und Fleisch
IJ	Gewässer, das die Amsterdamer Innenstadt von Amsterdam Nord trennt; ursprünglich ein Meeresarm der ▶ Zuiderzee in Nordholland
jenever	typisch niederländischer Schnaps, der nach alter Tradition aus Wacholder hergestellt wird; erhältlich als *jonge* (junger) oder *oude* (alter) Jenever
kaasmeisje	Käsemädchen; siehe ▶ Frau Antje
Keukenhof	niederländische Gartenanlage in Südholland; zur Zeit der Tulpenblüte ein Touristenmagnet
kikkerlandje	Land der Frösche: liebevolle niederländische Umschreibung des eigenen Landes
klederdracht	niederländische Tracht
klompen	typisch niederländische Holzschuhe
koekjestrommel	Keksdose

Koninginnedag	Feiertag zu Ehren von Königin ▶Beatrix I. am 30. April
Koninklijk Paleis Amsterdam	Königlicher Palast bzw. Paleis op de Dam in der Amsterdamer Innenstadt; im ▶*Gouden Eeuw* als Rathaus erbaut; seit 1939 von der niederländischen Königsfamilie genutzt
kopje koffie	Tässchen Kaffee
kopstoot	Kopfstoß: niederländischer Umtrunk, bestehend aus einem Bier und einem alten ▶*jenever*
kraplap	als Schulter- und Brustbedeckung wichtiger Bestandteil der niederländischen ▶*klederdracht*
kroket	Fleischrolle mit sämiger Füllung; niederländische Snackspezialität
lekker	lecker: vielfältig einsetzbares niederländisches Adjektiv/Adverb
loempia's	Frühlingsrollen; gehört zu den bekannten ▶*borrelhapjes*
luchtzoenen	Luftküsse; niederländische Begrüßungsküsse
Moet kunnen!	Muss möglich sein!, Klappt schon!; geflügeltes Wort in den Niederlanden
moffen	Muffelnde, Meckernde: niederländisches Wort für Deutsche
muts	Haube, Flügelhaube; typischer Bestandteil der ▶*klederdracht*
nasiballen, bamiballen	kleine Kugeln aus gebratenem indischen Reis oder Nudeln; ▶*borrelhapjes*
Nederlandse leeuw	der Niederländische Löwe; Wappentier der Niederlande auf dem ▶*Grote Rijkswapen*
Nederlands-Indië	Niederländisch-Indien: ehemalige Kolonie, bis 1950 unter niederländischer Herrschaft; Vorgänger der heutigen Republik Indonesien
Neu-Amsterdam	von den Niederländern gegründete Stadt in Nordamerika innerhalb ihrer Kolonie Nieuw Nederland; das heutige New York

Niederländische Antillen	bis 2010 niederländisches Kolonialgebiet in der Karibik; seitdem als eigenes Land Teil des Königreiches der Niederlande
nieuwjaarsduik	traditionsreiches Eintauchen in ein kaltes Gewässer am Neujahrsmorgen
oliebollen	niederländische Silvester-Spezialität aus Hefeteig, der in der Fritteuse gebacken wird
Oosterscheldekering	Oosterschelde-Sturmflutwehr: schützt als Teil der ▶Deltawerken die ▶*provincie* Zeeland vor Sturmfluten und Hochwasser
openbaar	öffentlich bzw. staatlich (z.B. Schulen)
Oranien-Nassau	niederländisches Königshaus
Oranje boven!	patriotischer Ausruf
pakjesavond	Geschenkeabend am 5. Dezember; wichtigster Teil des ▶*Sinterklaas*-Festes
Paleis Noordeinde	offizieller Amtssitz der niederländischen Königin im Zentrum von Den Haag
pannenkoeken	Pfannkuchen: niederländisches Nationalgericht
pepernoten	Pfeffernüsse: kleines rundliches Gebäck der ▶*Sinterklaas*-Zeit
pindakaas	Erdnussbutter
poffertjes	kleine in Fett gebackene Pfannküchlein
polder	Polder: niedrig gelegenes Land in der Nähe von Gewässern, das durch Deiche vor Hochwasser geschützt wird; zur dauerhaften Entwässerung muss Wasser aus Entwässerungsgräben des Polders über den Deich gepumpt werden, früher mithilfe von Windmühlen, heute mit Motorkraft
Prinsjesdag	wichtiger politischer Tag zur Eröffnung des parlamentarischen Sitzungsjahres in den Niederlanden
provincies	Provinzen: Seit 1986 gliedern sich die Niederlande in zwölf Provinzen; im Westen: Utrecht, Nord- und Südholland – im Süden: Zeeland, Nordbrabant und Limburg – im Osten: Flevoland, Gelderland und Overijssel – im Norden: Drenthe, Groningen und Fryslân (Friesland)

Rembrandt	Rembrandt Harmenszoon van Rijn (1606–1669), genannt Rembrandt; zählt heute zu den bekanntesten niederländischen Malern
Rotterdam	zweitgrößte Stadt der Niederlande (▶ *provincie* Südholland), mit größtem Seehafen Europas, der zugleich drittgrößter Hafen der Welt ist; gilt neben Amsterdam und Den Haag als wichtiges kulturelles Zentrum der Niederlande
saté	Grillgericht, das ursprünglich aus Indonesien stammt; fand in der Zeit der Kolonialisierung Einzug in die niederländische Küche
schaatsen	Schlittschuhlaufen
Sinterklaas	niederländische Bezeichnung für Nikolaus von Myra; Hauptfigur des wichtigen niederländischen Festes, das am 5. Dezember gefeiert wird
snipperdagen	außerhalb des Jahresurlaubs frei wählbare Urlaubstage
SOFI-Nummer	*sociaal-fiscaal nummer:* Sozialversicherungsnummer, die für jeden Steuerpflichtigen vom *belastingdienst* (Finanzamt) vergeben wird; seit 2007 gibt es parallel die BSN-Nummer (*burgerservicenummer* – Bürgerservicenummer)
stamppot	beliebtes niederländisches Gericht, bei dem verschiedenes Gemüse zusammen gar gekocht und anschließend zerstampft und vermischt wird
Steek je kop niet boven het maaiveld!	niederländische Lebensweisheit, sinngemäß: Bleib auf dem Teppich!
stroopwafel	niederländische Spezialität aus zwei aufeinanderliegenden runden Waffeln mit einer Sirup-Karamell-Füllung
taaitaai	typischer Honigkuchen der ▶ *Sinterklaas*-Zeit; wörtlich: zähzäh
tompouce, tompoes	süße Spezialität aus Blätterteig mit einer Cremefüllung
vergadercultuur	Sitzungskultur
vla	niederländischer Milchpudding

VMBO	*Voorbereidend Middelbaar Beroepsonderwijs;* Einrichtungen der berufsbildenden Sekundarerziehung mit einer Dauer von vier Schuljahren (nach ▶*basisschool* und ▶*brugklas*)
vruchtenhagel	süße Zuckerstreusel, die wie ▶*hagelslag* aufs Brot gestreut werden
VWO	*Voorbereidend Wetenschappelijk Onderwijs;* Einrichtungen der voruniversitären Bildung mit einer Dauer von sechs Schuljahren (nach ▶*basisschool* und ▶*brugklas*)
Wietpas	Ausweisdokument zum Betreten von niederländischen ▶*coffeeshops*
Zuidersee	ehemalige flache Meeresbucht der Nordsee im Nordwesten der heutigen Niederlande; durch Eindeichung wurde die Zuidersee zum heutigen IJsselmeer und weiteren kleineren Binnenseen
ZW	*Zorgverzekeringswet;* niederländische Pflichtversicherung für alle akuten ambulanten und stationären Leistungen im Krankenfall
Zwarte Piet	Schwarzer Peter; kontrovers diskutierte traditionelle Gehilfen des ▶*Sinterklaas*
zwartwit kogels	mit Salmiakpulver gefüllte Bonbons

Stichwortverzeichnis

Erleben Sie Andreas Drouves Selbstversuch mit der spanischen Gesellschaft: 52 Momentaufnahmen, satirisch verdichtete Essays, skurrile Geschichten und Reportagen.

»Gnadenlos und doch charmant. Ausgezeichnete Lektüre.«
(Ralph Schulze, SPANIEN LIVE)

Andreas Drouve

Selbstversuch Spanien
Was mir in 52 Wochen alles vor
die Hörner geriet

*192 Seiten, über einhundert
Abbildungen, komplett in Farbe*

ISBN 978-3-934918-78-8

Stets mittendrin und mit einem Augenzwinkern schreckt **Andreas Drouve** vor keinem Tabu zurück und ist niemandem verpflichtet, keinem Stierzuchtbetrieb, keiner Partei, keiner Fluglinie, nicht einmal dem guten Geschmack. Er singt einen Abgesang auf den spanischen Macho, überlistet die Gasgesellschaft, feiert mit Feuerläufern und Stelzentänzern, stößt als Jakobspilger-Souvenir auf das »Gummi des Weges« und gerät in die Tentakel absurdester Bürokratie. Über allem schwebt die Frage: *Ist Spanien wirklich so anders?*

Begleiten Sie Drouve einmal quer durch die Wirrungen seiner Wahlheimat und seien Sie dabei, wenn Spaniens Wirklichkeit die Klischees übertrifft. Manches wird Ihnen Spanisch vorkommen. Manches noch merkwürdiger.

»Die Beobachtungen aus dem iberischen Alltag von Andreas Drouve klingen satirisch-provokant und spiegeln doch meist lediglich die reine Realität wider. Der Autor beschreibt Spanien aus einem kritisch-liebevollen Blickwinkel, den man nur als langjähriger Wahl-Spanier erlangt. Wir haben uns darin wiedergefunden und immer wieder köstlich amüsiert.« (Alexander zur Linden, Wochenblatt der Kanarischen Inseln)

CONBOOK VERLAG
www.conbook-verlag.de

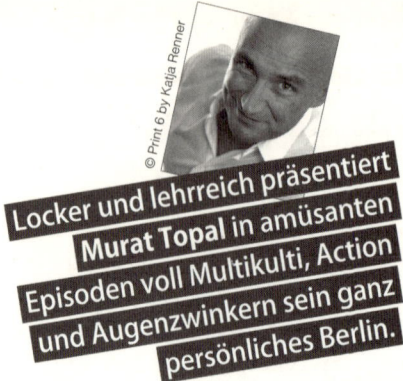

© Print 6 by Katja Renner

Locker und lehrreich präsentiert Murat Topal in amüsanten Episoden voll Multikulti, Action und Augenzwinkern sein ganz persönliches Berlin.

Murat Topal
BERLIN
Ich hab noch einen Döner an der Spree –
ein Heimatbuch
ISBN 978-3-934918-84-9

Murat Topal, Deutsch-Türke und gebürtiger Berliner, arbeitete zehn Jahre lang als Polizist im Bezirk Kreuzberg, bevor er sich ganz dem Dasein als Comedy-Künstler widmete. Bekannt ist er unter anderem durch Auftritte in verschiedenen TV-Sendungen und durch die Serie *Spezialeinsatz*, in der er die Hauptrolle spielt. Seit Februar 2011 tourt er mit seinem dritten abendfüllenden Bühnenprogramm *MultiTool – Der Mann für alle Fälle* durch Deutschland.

»Ein Buch, aufgebaut wie ein Sketch des Comedian: Locker und amüsant.« (Kieler Nachrichten)

»Das neueste Buch des erfolgreichen Comedians zeigt Berlin, wie es wirklich ist. Murat Topal präsentiert dem Leser kurzweilige Episoden voller persönlicher und lustiger Berlin-Erlebnisse.« (suite101)

Die *Heimatbuch*-Reihe, u. a.

CONBOOK VERLAG
www.conbook-verlag.de

Alles zu den Heimatbüchern: **www.heimatbuch.de**

Unsere Business-Coaches
für die Sakkotasche

Markus Hasenfratz,
Gerardo Müller Albán
**Geschäftskultur Brasilien
kompakt**
ISBN 978-3-943176-30-8

Brasilianer handeln emotional und selten exakt nach Plan. Zurückliegende Vereinbarungen und Termine in der Zukunft werden schnell vom Tagesgeschäft überlagert. Binationale Projekte verlaufen daher vor allem dann erfolgreich, wenn zwischen den Partnern ein stetiger persönlicher Kontakt besteht – auch weil die gegenseitige Sympathie für Brasilianer entscheidend ist. Stimmt die gemeinsame Basis, gilt für jedes Vorhaben ›jeitinho‹: Mit Optimismus und Ideenreichtum findet sich immer ein Weg.

»Dieses Buch gibt seinem Leser das nötige Werkzeug an die Hand, um optimal auf den interkulturellen Kontakt mit brasilianischen Geschäftspartnern vorbereitet zu sein. Kompakt und informativ, ein wertvoller Ratgeber.« *(Frank Panizza, Leiter des Kompetenzzentrums Lateinamerika, IHK Pfalz)*

Bisher in der Reihe **Geschäftskultur kompakt** außerdem erschienen

 CONBOOK VERLAG
www.conbook-verlag.de

Überall erhältlich, wo es Bücher gibt.

Indien – die größte Demokratie der Erde, gigantisch, einzigartig und voller Gegensätze. Ein Land, das modernste Technologie entwickelt und zugleich in einem alten Traditionskorsett steckt. Wo Affen-, Elefanten- und mehrarmige Götter verehrt und Flüssen jeden Abend Millionen von Blumen geopfert werden. Wo gläserne Shopping-Malls wie Pilze aus dem Boden schießen und Mumbais Büromieten die von New York und Tokio überholen. Ist das Indien von heute ein modernes Land, ist es fest in alten Strukturen verankert oder liefert es schlicht immer alle möglichen Antworten zugleich?

Andrea Glaubacker

Indien 151
Portrait des faszinierenden Subkontinents in 151 Momentaufnahmen

ISBN 978-3-943176-02-5

»Aus aktuellen Meldungen, Hintergrundinformationen und eigenen Erlebnissen formt die Autorin ein Bild von Indien, wie es treffender nicht sein könnte. Ihre persönlichen Eindrücke und ihr Blick hinter die Kulissen bereichern die fundierten Recherchen der studierten Kulturwissenschaftlerin. Für Liebhaber Indiens und diejenigen, die das noch werden wollen.«
(Traudl Kupfer, Indien Aktuell)

Jeder Band mit über 150 eindrucksvollen Bildern, komplett in Farbe

Erleben Sie mit den Büchern der Reihe »**151**« faszinierende Momentaufnahmen der Kultur und Gesellschaft eines Landes, begleitet von Geschichten, persönlichen Eindrücken und einem Blick hinter die Kulissen. Bücher für Entdecker und Liebhaber und diejenigen, die es werden wollen.

www.1-5-1.de

CONBOOK VERLAG
www.conbook-verlag.de

Beis: Südafrika 151
ISBN 978-3-943176-18-6

Schumann: Japan 151
ISBN 978-3-943176-27-8

Grat-Riemann: Spanien 151
ISBN 978-3-943176-12-4

Frogier de Ponlevoy: Vietnam 151
ISBN 978-3-943176-42-1